科目別 過去問題集

SUPER
J-Book Series

JN113418

英語
2023高卒認定

スーパー実戦過去問題集

編集 ● J-出版編集部　　　　制作 ● J-Web School

最新過去問題
&詳細解説
6回分
(2020~2022年)

J-出版

も く じ

高卒認定試験情報ほか

問題／解答・解説

1. 高等学校卒業認定試験とは

　高等学校卒業程度認定試験（高卒認定試験）は、高等学校を卒業していないなどのため、大学等の受験資格がない方に対し、高等学校卒業者と同等以上の学力があるかどうかを認定する試験です。合格者には大学・短大・専門学校や看護学校などの受験資格が与えられるだけでなく、高等学校卒業者と同等以上の学力がある者として認定され、就職、転職、資格試験等に広く活用することができます。ただし、試験で合格点を得た者が満18歳に達していないときには、18歳の誕生日の翌日から合格者となります。

2. 受験資格

　受験年度末の3月31日までに満16歳以上になる方。現在、高等学校等に在籍されている方も受験が可能です。ただし、すでに大学入学資格を持っている方は受験できません。

3. 実施日程

　試験は8月と11月の年2回実施されます。8月試験と11月試験の受験案内（願書）配布開始日、出願期間、試験日、結果通知送付日は以下のとおりです（令和4年度の実施日程を基に作成しています。最新の実施日程については文部科学省のホームページを確認してください）。

	第1回（8月試験）	第2回（11月試験）
配 布 開 始 日	4 月 4 日(月)～	7 月19日(火)～
出 願 期 間	4 月 4 日(月)～ 5 月 9 日(月)	7 月19日(火)～ 9 月13日(火)
試 験 日	8 月 4 日(木)・5 日(金)	11月 5 日(土)・6 日(日)
結果通知送付日	8 月30日(火)発送	12月 6 日(火)発送

4. 試験科目と合格要件

　試験の合格者となるためには、合格要件に沿って8科目もしくは9科目、10科目の試験科目に合格することが必要です（「公民」および「理科」の選択科目によって科目数が異なります）。

教科	試験科目	科目数	合格要件
国語	国語	1	必修
地理歴史	世界史A、世界史B	1	2科目のうちいずれか1科目必修
	日本史A、日本史B	1	4科目のうちいずれか1科目必修
	地理A、地理B		
公民	現代社会	1 または 2	「現代社会」1科目　　　　　　　　　いずれか 「倫理」および「政治・経済」の2科目　　必修
	倫理		
	政治・経済		
数学	数学	1	必修
理科	科学と人間生活	2 または 3	以下の①、②のいずれかが必修 ①「科学と人間生活」の1科目と「物理基礎」、「化学基礎」、「生物基礎」、「地学基礎」のうち1科目（合計2科目） ②「物理基礎」、「化学基礎」、「生物基礎」、「地学基礎」のうち3科目（合計3科目）
	物理基礎		
	化学基礎		
	生物基礎		
	地学基礎		
外国語	英語	1	必修

5. 試験科目の出題範囲

試験科目	出題範囲（対応する教科書名）	
国語	「国語総合」古文・漢文含む	
世界史A	「世界史A」	平成25年4月以降の高等学校入学者が使用している教科書
世界史B	「世界史B」	
日本史A	「日本史A」	
日本史B	「日本史B」	
地理A	「地理A」	
地理B	「地理B」	
現代社会	「現代社会」	
倫理	「倫理」	
政治・経済	「政治・経済」	
数学	「数学Ⅰ」	平成24年4月以降の高等学校入学者が使用している教科書
科学と人間生活	「科学と人間生活」	
物理基礎	「物理基礎」	
化学基礎	「化学基礎」	
生物基礎	「生物基礎」	
地学基礎	「地学基礎」	
英語	「コミュニケーション英語Ⅰ」	平成25年4月以降の高等学校入学者が使用している教科書

出願から合格まで

1. 受験願書の入手

　受験案内（願書）は、文部科学省や各都道府県教育委員会、各都道府県の配布場所などで配布されます。ただし、配布期間は年度毎に異なりますので、文部科学省のホームページなどで事前に確認してください。なお、直接取りに行くことができない方はパソコンやスマートフォンで受験案内（願書）を請求することが可能です。

　〈パソコンもしくはスマートフォンで請求する場合〉
　　次のURLにアクセスし、画面の案内に従って申し込んでください。　https://telemail.jp/shingaku/pc/gakkou/kousotsu/
　○受験案内（願書）は、配布開始時期のおよそ1か月前から出願締切のおよそ1週間前まで請求できます。
　○請求後、受験案内（願書）は発送日から通常3〜5日程度で届きます。ただし、配布開始日以前に請求した場合は予約扱いとなり、配布開始日に発送されます。
　○受験案内（願書）に同封されている支払い方法に従って料金を払います。
　○不明な点はテレメールカスタマーセンター（TEL：050-8601-0102　受付時間：9:30〜18:00）までお問い合わせください。

2. 出願書類の準備

　受験案内（願書）を入手したら、出願に必要な次の書類を用意します（令和4年度の受験案内を基に作成しています。内容が変更になる場合もあるため、最新の受験案内を必ず確認してください）。

　　①受験願書・履歴書
　　②受験料（収入印紙）
　　③写真2枚（縦4cm×横3cm）　※同じ写真を2枚用意
　　④住民票または戸籍抄本
　　⑤科目合格通知書　※一部科目合格者のみ
　　⑥試験科目の免除に必要な書類（単位修得証明書、技能審査の合格証明書）　※試験科目の免除を申請する者のみ
　　⑦氏名、本籍の変更の経緯がわかる公的書類（戸籍抄本等）　※必要な者のみ
　　⑧個人情報の提供にかかる同意書　※該当者のみ
　　⑨特別措置申請書および医師の診断・意見書　※必要な者のみ
　　⑩出願用の封筒

①受験願書・履歴書

受験願書・履歴書の用紙は受験案内に添付されています。

②受験料（収入印紙）

受験科目が7科目以上の場合は 8,500 円、4科目以上6科目以下の場合は 6,500 円、3科目以下の場合は 4,500 円です。受験料分の日本政府発行の収入印紙（都道府県発行の収入証紙等は不可）を郵便局等で購入し、受験願書の所定欄に貼り付けてください。

③写真2枚（縦4cm×横3cm）

出願前6か月以内に撮影した、無帽・背景無地・正面上半身の写真を2枚（同一のもの）用意し、裏面に受験地と氏名を記入して受験願書の所定欄に張り付けてください。写真は白黒・カラーいずれも可です。

④住民票または戸籍抄本（原本）

出願前6か月以内に交付され、かつ「本籍地（外国籍の方は国籍等）」が記載されたものを用意してください。マイナンバーの記載は不要です。海外在住の外国籍の方で提出が困難な場合は、必ず事前に文部科学省総合教育政策局生涯学習推進課認定試験第二係まで問い合わせてください。　TEL：03-5253-4111（代表）（内線 2590・2591）

⑤科目合格通知書（原本）

過去に高等学校卒業程度認定試験または大学入学資格検定において、一部科目に合格している方は提出してください。なお、紛失した場合は受験案内にある「科目合格通知書再交付願」で出願前に再交付を受けてください。結婚等により、科目合格通知書に記載された氏名または本籍に変更がある場合は、「⑦氏名、本籍の変更の経緯がわかる公的書類（戸籍抄本等）」をあわせて提出してください。

⑥試験科目の免除に必要な書類（単位修得証明書、技能審査の合格証明書）（原本）

試験科目の免除を申請する方は受験案内を確認し、必要書類を提出してください。なお、単位修得証明書が発行元で厳封されていない場合は受理されません。結婚等により、試験科目の免除に必要な書類の氏名に変更がある場合は、「⑦氏名、本籍の変更の経緯がわかる公的書類（戸籍抄本等）」をあわせて提出してください。

⑦氏名、本籍の変更の経緯がわかる公的書類（戸籍抄本等）（原本）

結婚等により、「⑤科目合格通知書」や「⑥試験科目の免除に必要な書類」に記載された氏名または本籍が変更となっている場合に提出してください。

⑧個人情報の提供にかかる同意書

外国籍の方で、過去に高等学校卒業程度認定試験または大学入学資格検定で合格した科目があり、「⑤科目合格通知書」の氏名（本名）または国籍に変更がある場合は、提出してください。

⑨特別措置申請書および医師の診断・意見書

身体上の障がい等により、受験の際に特別措置を希望する方は、受験案内を確認し、必要書類を提出してください。

⑩出願用の封筒

出願用の封筒は受験案内に添付されています。封筒の裏面に氏名、住所、受験地を明記し、「出願書類確認欄」を用いて必要書類が揃っているかを再度チェックし、不備がなければ郵便局の窓口で「簡易書留扱い」にして文部科学省宛に送付してください。

3. 受験票

受験票等（受験科目決定通知書、試験会場案内図および注意事項を含む）は文部科学省から受験願書に記入された住所に届きます。受験案内に記載されている期日を過ぎても到着しない場合や記載内容に誤りがある場合は、文部科学省総合教育政策局生涯学習推進課認定試験第二係に連絡してください。　TEL：03-5253-4111（代表）①試験実施に関すること（内線 2024・2643）②証明書に関すること（内線 2590・2591）

4. 合格発表・結果通知

試験の結果に応じて、文部科学省から次のいずれかの書類が届きます。全科目合格者には「**合格証書**」、一部科目合格者には「**科目合格通知書**」、その他の者には「**受験結果通知**」が届きます。「**合格証書**」が届いた方は、大学入学資格（高等学校卒業程度認定資格）が与えられます。ただし、試験で合格点を得た方が満 18 歳に達していないときには、18 歳の誕生日の翌日から合格者となります。そのため、大学入学共通テスト、大学の入学試験等については、原則として満 18 歳になる年度から受験が可能となります。大学入学共通テストについては、独立行政法人大学入試センター　事業第一課（TEL：03-3465-8600）にお問い合わせください。「**科目合格通知書**」が届いた方は、高等学校卒業程度認定試験において1科目以上の科目を合格した証明になりますので、次回の受験まで大切に保管するようにしてください。なお、一部科目合格者の方は「**科目履修制度**」を利用して、合格に必要な残りの科目について単位を修得することによって、高等学校卒業程度認定試験合格者となることができます（「**科目履修制度**」については次のページもあわせて参照してください）。

科目履修制度 （未合格科目を免除科目とする）

1．科目履修制度とは

　科目履修制度とは、通信制などの高等学校の科目履修生として未合格科目（合格に必要な残りの科目）を履修し、レポートの提出とスクーリングの出席、単位認定試験の受験をすることで履修科目の単位を修得する制度となります。この制度を利用して単位を修得した科目は、免除科目として文部科学省に申請することができます。高等学校卒業程度認定試験（高卒認定試験）の合格科目と科目履修による単位修得を合わせることにより、高等学校卒業程度認定試験の合格者となることができるのです。

2．科目履修の学習内容

　レポートの提出と指定会場にて指定回数のスクーリングに出席し、単位認定試験で一定以上の点数をとる必要があります。

3．科目履修制度の利用

❶ すでに高卒認定試験で合格した一部科目と科目履修を合わせることにより高卒認定試験合格者となる。

| 高卒認定試験 既合格科目 | ＋ | 科目履修 （残り科目を履修） | ＝ | 合わせて 8科目以上 | 高卒認定試験 合格 |

※最低1科目の既合格科目または合格見込科目が必要

　　① 苦手科目がどうしても合格できない方　　　② 合格見込成績証明書を入手し、受験手続をしたい方
　　③ 残り科目を確実な方法で合格したい方　　　④ 大学・短大・専門学校への進路が決まっている方

❷ 苦手科目等を先に科目履修で免除科目にして、残りの得意科目は高卒認定試験で合格することで高卒認定試験合格者となる。

| 科目履修 （苦手科目等を履修） | ＋ | 高卒認定試験 科目受験 | ＝ | 合わせて 8科目以上 | 高卒認定試験 合格 |

※最低1科目の既合格科目または合格見込科目が必要

　　① 得意科目だけで高卒認定試験の受験に臨みたい方　　② できるだけ受験科目数を減らしたい方
　　③ どうしても試験で合格する自信のない科目がある方　　④ 確実な方法で高卒認定試験の合格を目指したい方

4．免除を受けることができる試験科目と免除に必要な修得単位数

免除が受けられる試験科目	高等学校の科目	免除に必要な修得単位数
国語	「国語総合」	4
世界史A	「世界史A」	2
世界史B	「世界史B」	4
日本史A	「日本史A」	2
日本史B	「日本史B」	4
地理A	「地理A」	2
地理B	「地理B」	4
現代社会	「現代社会」	2
倫理	「倫理」	2
政治・経済	「政治・経済」	2
数学	「数学Ⅰ」	3
科学と人間生活	「科学と人間生活」	2
物理基礎	「物理基礎」	2
化学基礎	「化学基礎」	2
生物基礎	「生物基礎」	2
地学基礎	「地学基礎」	2
英語	「コミュニケーション英語Ⅰ」	3

　（注）上記に記載されている免除に必要な修得単位数はあくまで標準的な修得単位数であり、学校によっては科目毎の設定単位数が異なる場合があります。

■科目履修制度についてより詳しく知りたい方は、J‐出版編集部にお問い合わせください。
　TEL：03-5800-0552
　Mail：info@j-publish.net
　http://www.j-publish.net/risyu/

1. 出題傾向

　高卒認定試験の英語は、下の表の内容の問題が毎回出題されます。過去問を演習するにあたって、それぞれの大問の内容がどのようなものかをしっかり押さえて学習をするように心がけてください。

内容	形式詳細	問題数	解答形式
大問 1			
文強勢問題	AさんとBさんの4文程度の対話文。最も強く発音する箇所の選択肢を答える。	3	
大問 2			
対話文完成問題	AさんとBさんの4文程度の対話文。空所に当てはまる適切な選択肢を答える。	5	
大問 3			
整序英作文問題	5つの単語を並べかえて英文を完成させて、2番目と4番目の選択肢を答える。	3	
大問 4			
意図把握問題	5文程度からなる英文を読んで、その内容と合致する選択肢を答える。	3	選択式
大問 5			
空所補充問題	5文程度からなる英文にある空所に当てはまる適切な選択肢を答える。	3	
大問 6			
長文読解問題（グラフ・表付き）	長文を読み、グラフや資料を読み解き、設問に答える。	3	
大問 7			
長文読解問題（物語文）	長文を読み、設問に答える。	4	

2. 出題内容と対策

1 文強勢問題

　大問1は、話し手が対話の相手に最も伝えたいことは何か、これをつかむことが最大のポイントです。とくに下線部の前の文の内容を丁寧に読み取って、下線部のうちで話し手が相手に最も伝えたいと思われる内容をつかみましょう。

　大問1でよく見られるパターンは、①前文のある内容に対する主張・意見・提案、②前文のある内容に対する訂正、③前文の疑問文に対する直接的あるいは具体的な答え、これら3つです。Aに対してBだと主張・意見・提案する、AではなくてBだと訂正する、Aという質問に対してBという答えというように、対になる内容をつかむようにすると、最も強く発音される単語の選択肢を確実に選べるようになります（後者のBの部分が強く発音されます）。

2 対話文完成問題

　大問2は、対話の流れ（展開）をつかむことがポイントです。冒頭の（　　）内に示されている場所や状況を確認して、とくに空所の前後の文から会話の流れをつかみ、空所の前の文の内容とも後の文の内容ともつじつまが合う選択肢を選びましょう。

　大問2の典型的な出題パターンは、①空所の前の文が疑問文である、②空所に疑問文が入る（選択肢がすべて疑問文である）、という2パターンです。①のパターンでは、空所の前の文が疑問文ということは、それに対する答えが空所に入ることになります。②のパターンでは、選択肢がすべて疑問文であるということは、空所の後の文はそれに対する答えとなっているはずですので、その答えに対応する疑問文が空所に入ることになります。大問2は、まずこの2つの出題パターンの問題を確実に正解できるようになりましょう。

③ 整序英作文問題

　大問3は、すぐに語句を並べかえようとはせずに、空所の前後の内容をつかむことがポイントです。こうすることにより、空所を含む文の内容(意味)が推測しやすくなり、また与えられた語句を適切な語順に並べかえやすくなります。また、前から一気に並べかえようとはせずに、空所の前後や選択肢の語句を使って、確実にこの語順となるという部分をすこしずつ作り上げていき、全体の一文を完成させるようにしましょう。

　大問3を確実に正解するには、基礎的な文法や語法についての正確な知識が必要となります。とりわけ、動詞については〈動詞＋人＋物〉、〈動詞＋to do〉、〈動詞＋doing〉、〈動詞＋that＋文〉、〈動詞＋人＋to do〉といった語順になる用法をもつ動詞を整理して覚えておきましょう。〈助動詞の書き換え表現〉、〈比較構文〉、〈形式主語構文〉、〈too～to…構文〉、〈～enough to…構文〉、〈so～that…構文〉といった慣用表現や構文についても、語順に注意して覚えておくとよいでしょう。

④ 意図把握問題

　大問4は、メッセージに込められた意図つまりメッセージを通じて伝えようとしている事柄を、一部分からではなく全体から読み取ろうとすることがポイントです。選択肢については日本語で与えられます。日本語の選択肢は解答の際のヒントになりますので、大いに活用しましょう。

　基本的に選択肢には共通するトピック(話題)がありますので、本文を読む前にトピックだけでも確認しておくとよいでしょう。こうしておくと、単に本文が読み取りやすくなるだけではありません。選択肢に共通するトピックが大きく2つに分けられる場合には、本文のトピックさえわかってしまえば、その時点でほぼ2つの選択肢に絞ることができます。

⑤ 空所補充問題

　大問5は、空所に当てはまる適切な語句を選ぶというシンプルな問題ですが、それだけに選択肢の語句の意味がわかるか否かが最大のポイントとなります。

　大問5の出題パターンは2つに分けることができます。選択肢がすべてhowever(しかしながら)やfor example(たとえば)、as a result(その結果)、in addition(それに加えて)などといった「ディスコースマーカー(談話標識)」あるいは「つなぎことば」と呼ばれる類の語句であるか、選択肢がすべて「つなぎことば」以外の語句であるかです。前者の場合は、とくに空所の前の文と後の文の関係性をとらえて、その関係性に応じた適切な「つなぎことば」を選ぶことになります。後者の場合は、全体の要旨をつかみつつ、とくに空所を含む文を丁寧に読み、その一文の意味と選択肢の単語の意味をよく照らし合わせて選択肢を選ぶことになります。

⑥ 長文読解問題（グラフ・表付き）

　大問6は、設問文から解答の根拠を探す範囲を限定することがポイントです。長文そのものを読むことにも時間がかかると思いますが、解答の根拠を探す範囲を絞ってできるだけ短時間で根拠を見つけられるようにしましょう。

　設問文から解答の根拠を探す範囲を限定する方法は次のとおりです。According to the graph(グラフによると)などというように、設問文にthe graph [chart](グラフ)やthe pie chart(円グラフ)、the table(表)という語句を含む場合は、解答の根拠はグラフ・円グラフ・表から探すこととなります。これに対して、設問文にAccording to the passage(この文章によると)とある場合は、解答の根拠は本文中から探すこととなります。

⑦ 長文読解問題（物語文）

　大問7は、本文よりも設問文のみを先読みすることと、5W1Hを意識しながらストーリーの展開を追うことがポイントです。

　設問文を先読みするメリットは2つあります。第一には、どのようなことを問われるのかを先に知っておくことができる点です。第二には、設問は基本的にストーリー展開に沿った順番になっていることから、本文の展開をある程度予測することができる点です。

　5W1Hとは、Who(誰が)、When(いつ)、Where(どこで)、What(何を)、Why(なぜ)、How(どのように)という6つの要素を指します。これらのことを意識しながら読み進めることによって、ストーリーの展開を追いやすくなるだけでなく、設問を解く際に根拠を探しやすくなります。

【本書で用いている記号】
S：主語　V：述語動詞　O：目的語　C：補語
to do：to＋不定詞（動詞の原形）　doing：動名詞
A：Aには（代）名詞が入る　B：Bには（代）名詞が入る
（　）：省略可能　[　]：言い換え可能

令和4年度 第2回
高卒認定試験

英　語

解答時間　50分

英　語

$\left(\text{解答番号}\ \boxed{1}\ \sim\ \boxed{27}\right)$

1 次の１から３までの対話において，下線を引いた語の中で最も強く発音されるものを，それぞれ①～④のうちから一つずつ選びなさい。解答番号は $\boxed{1}\ \sim\ \boxed{3}$ 。

1　A : Dad's birthday is coming up soon.　We should get him different presents.

　　B : I'm getting him a tie.　What <u>are</u> <u>you</u> <u>getting</u> <u>him</u>?
　　　　　　　　　　　　　　　①　②　③　④

　　A : I am thinking of getting him some wine.

　　B : Sounds good!

$\boxed{1}$

2　A : Hi, Tom.　Nice shirt.　Where did you get it?

　　B : Thanks!　I got this at North Mall.

　　A : Did you buy it at the big sale last weekend?

　　B : No, <u>I</u> <u>bought</u> <u>it</u> <u>yesterday</u>.
　　　　　　　①　②　③　④

$\boxed{2}$

3　A : Excuse me.

　　B : Yes, how can I help you?

　　A : Does this train go to Midori Station?

　　B : No, it <u>goes</u> <u>to</u> <u>Chuo</u> <u>Station</u>.　Trains to Midori Station leave from Platform 3.
　　　　　　　①　②　③　④

$\boxed{3}$

2　次の１から５までの対話文の [＿＿＿] 内に入れるのに最も適当なものを，それぞれ①～④のうちから一つずつ選びなさい。解答番号は [4] ～ [8] 。

1 （At a shop）

A : Hello, may I help you?

B : Can I try on this sweater?

A : Of course. [4]

B : OK. Thank you very much.

① The fitting room is over there.　② I want a different color.

③ We don't have a smaller size.　④ There's no discount.

2 （In a classroom）

A : Did we have any homework for today's French class?

B : Yes. We had to write an essay about our favorite place.

A : Oh no, [5]

B : It's just a paragraph. You can do it right now.

① I did all the problems!　② I completely forgot!

③ I've never been there.　④ I don't like reading.

3 （In an airplane）

A : Would you like something to drink?

B : Yes. [6]

A : Orange juice, apple juice, black tea, green tea, and coffee.

B : I'll have green tea, please.

① What do you have?　② Do you have some drinks?

③ Are you thirsty?　④ What should I do?

4　（At home）

A：Mom, I need some colored paper for my art project.

B：Oh, I'm afraid ☐ 7

A：Can we go to the arts and crafts store and buy some this afternoon?

B：Sure, no problem.

① we bought a lot.　　　　② we don't have any.
③ you can draw on it.　　　④ you won't like it.

5　（At a hotel）

A：Excuse me. Do you know a good place for lunch near here?

B：Yes, you should try "Piace."　They make the best pizza.

A：Great, I love pizza. ☐ 8

B：It's just a five-minute walk.

① How often do you go there?　② Which days are they open?
③ How far is it from here?　　④ What do you recommend?

3 次の１から３の各英文がまとまりのある文章になるようにそれぞれ①〜⑤の語(句)を並べかえたとき，２番目と４番目に入るものを選びなさい。解答番号は **9** 〜 **14** 。

1 My family moved around a lot because of my parents' work. If I won the lottery, I _____ **9** _____ **10** _____ all the places where we used to live. I hope my old friends will still remember me.

　① to
　② that money
　③ would
　④ visit
　⑤ use

2 We are working hard to make our city safer. One idea is to install security cameras everywhere. The _____ **11** _____ **12** _____ in the city, the less crimes we will have.

　① cameras
　② have
　③ security
　④ we
　⑤ more

3 A kingfisher is a brightly-colored bird which has a large head and a long beak. Because of these features, it can dive into the water and catch fish silently. Interestingly, _____ **13** _____ **14** _____ for the design of the Japanese bullet train.

　① was
　② the shape
　③ its face
　④ of
　⑤ used

4 次の1から3の各メッセージの送り手が意図したものとして最も適当なものを，それぞれ ①〜④のうちから一つずつ選びなさい。解答番号は $\boxed{15}$ 〜 $\boxed{17}$ 。

1　Do you want to make your teeth whiter and stronger? Do you want your mouth to feel fresh and clean every day? Then, try the new XY White! Just brush your teeth thoroughly twice a day with this toothpaste for a brighter smile!

① 歯科医について尋ねる。　　　　② 歯磨き粉を宣伝する。
③ 歯磨き粉の研究結果を報告する。　④ 歯科医の予約を取る。

$\boxed{15}$

2　When learning English, many people have trouble memorizing new vocabulary. One way to solve this problem is to read novels. In a novel, the same words and phrases tend to appear repeatedly. Thus, learners will have more chances to come across the same words and get used to them.

① 英単語の覚え方を紹介する。　　② 文章の書き方について説明する。
③ 英語の小説を紹介する。　　　　④ 読書の楽しみについて説明する。

$\boxed{16}$

3　Welcome to the ABC Gym swimming pool. All swimmers are supposed to wear a swimming cap. Since this is a sports gym, please refrain from using a swim ring or a beach ball in the swimming pool. We appreciate your cooperation.

① プールの開業を知らせる。　　　② 水泳教室の開講を知らせる。
③ ジムの利用料金を知らせる。　　④ 施設利用上の留意点を知らせる。

$\boxed{17}$

5 次の1から3の各英文の □ 内に入れるのに最も適当なものを，それぞれ①～④のうちから一つずつ選びなさい。解答番号は 18 ～ 20 。

1 Therapy dogs are trained to provide comfort and emotional support to people. They go to various places such as schools, hospitals, and nursing homes. They help children who have a 18 time at school or elderly patients in nursing homes.

① valuable ② normal ③ difficult ④ special

2 Running has been one of the most popular physical activities in many countries. One reason is that you can do it almost anywhere and all you need is a pair of shoes. Another reason is that not only experienced runners, but also 19 can easily enjoy it.

① beginners ② customers ③ guests ④ owners

3 The cool mountain climates and special tea plants have enabled us to produce outstanding teas. It is very easy to enjoy our tea. Place one of our tea bags in your favorite teacup, pour boiling water over the tea bag, and just 20 for three minutes. Add sugar, milk, or lemon if desired.

① taste ② talk ③ pay ④ wait

6　次の表及び英文を読み，1から3の質問の答えとして最も適当なものを，それぞれ①～④のうちから一つずつ選びなさい。解答番号は　21　～　23　。

Midori Town Community Center Lecture Hall Price List

Day & Time	Weekdays		Weekends & Holidays		
	Daytime	Night-time	Daytime		Night-time
	9:00-17:00	17:00-21:00	9:00-13:00	13:00-17:00	17:00-21:00
1 hour	¥1,000	¥1,300	¥1,500	¥1,600	¥2,000
2 hours	¥1,800	¥2,100	¥2,300	¥2,400	¥2,800
3 hours	¥2,600	¥2,900	¥3,100	¥3,200	¥3,600
4 hours	¥3,400	¥3,700	¥3,900	¥4,000	¥4,400
All day	¥7,000		¥9,000		

Sonomi is a high school student at Midori High School. She is one of the members of the school festival committee. She and the other committee members would like to invite a famous person to the school festival this year to give a lecture to students and their parents. They decided to ask a professor who received the Nobel Prize in Chemistry several years ago. They thought all the students would be interested in his talk because many students at Midori High School like science-related subjects such as chemistry, biology, physics, and mathematics. They decided to ask the professor to talk about his research and experience as a researcher.

Sonomi and the other members of the school festival committee discussed where to hold the lecture. Some members suggested using the school gym because it is free. However, other members disagreed with the idea. They thought that the lecture should be held in a place with nice seats and a better sound system so that students can relax and enjoy the lecture. Fortunately, Midori Town Community Center is located near Sonomi's school and it has a beautiful, new lecture hall. After much discussion, the committee members chose to have the lecture there.

Their school festival will be held for three days from Thursday to Saturday on the third week of November this year. In the beginning, the committee members wanted to have the lecture on the first day of the school festival. However, since it is on a Thursday, this makes it difficult for many parents to come and enjoy the lecture. Therefore, they agreed to have it on the last day. They called the community center and booked the lecture hall for three hours in the afternoon. All the students, teachers, and parents are looking forward to the lecture.

1 According to the table, which of the following is true?

① Prices on weekday mornings are the same as on weekend mornings.

② It costs ¥2,100 to use the hall for three hours on Wednesday mornings.

③ Night-time prices are more expensive than daytime prices.

④ The cheapest price for one hour is on weekends and holidays.

21

2 According to the passage, which of the following is true?

① Committee members decided not to use the gym because it costs too much.

② Students at Sonomi's school are not fond of science-related subjects.

③ Midori Town Community Center is far from Sonomi's school.

④ Committee members decided to invite a professor to their school festival.

22

3 According to the table and the passage, how much will it cost for the committee to use the lecture hall?

① ¥2,600.

② ¥2,900.

③ ¥3,100.

④ ¥3,200.

23

7 次の英文を読み，1から4の ＿＿＿ 内に入れるのに最も適当なものを，それぞれ①～④のうちから一つずつ選びなさい。解答番号は ⎡24⎤ ～ ⎡27⎤ 。

Rei is a university student from a small town in the countryside. Last year, he moved to Tokyo to study business at university, but he often misses his hometown. His goal is to become a successful businessperson and help bring life back to small countryside towns.

At university, Rei often talks about his goal with Professor Yamada, his advisor. She encouraged Rei to apply to a business plan competition held by a small city. The city is collecting business ideas for how they can reuse a large 150-year-old traditional Japanese home. Rei decided to enter the competition and asked three of his classmates, who also major in business, to join him.

Their first meeting, however, did not go well. Everyone had their own ideas, and they could not agree on a single one because they did not want to reject the ideas of the other person. After two weeks, they still could not decide on a business plan. Discouraged, Rei went to Professor Yamada for advice. She listened to his story and said, "I think your group's problem is that you are scared to disagree with each other's ideas because you think disagreeing with an idea is the same as disagreeing with the person. It's not."

Rei understood Professor Yamada's advice. The next day, he talked with his group members and asked everyone to share their ideas again. "This time," Rei said, "let's honestly share our opinions. Even if we disagree with someone's idea, it's okay. Not liking someone's idea does not mean that you do not like the person. We are just disagreeing with the idea, not the person."

After listening to Rei, his teammates felt more comfortable expressing their opinions to one another. Five hours later, they finally decided on the first draft of their business plan that included all of their group's best ideas.

For three months, the four of them worked hard every day on their business plan. They passed the first stage of the contest. Three months later, they presented their business plan online, in front of the judges and other participants. Although their team did not win, Rei got something much more valuable. He learned that it is okay to disagree with others' ideas as long as you treat them respectfully. He also got some great ideas to help revive his hometown.

1　Rei　24

① grew up in a small town.

② is a successful businessperson.

③ wanted to be a famous professor.

④ likes living in a big city.

2　Rei and his teammates all　25

① do not like Professor Yamada's class.

② cannot join any contests.

③ prefer working alone.

④ study business.

3　Professor Yamada helped Rei realize that　26

① his group's completed business plan would fail in the competition.

② his group members were afraid to disagree with each other's ideas.

③ he was not an effective group leader.

④ he was not liked by other group members.

4　Rei and his friends　27

① presented in front of all their classmates.

② got first place in the competition.

③ did not win the competition.

④ could not pass the document selection stage.

令和4年度 第2回

解答・解説

令和4年度 第2回 高卒認定試験

【 解 答 】

1	解答番号	正答	配点	2	解答番号	正答	配点	3	解答番号	正答	配点	4	解答番号	正答	配点
問1	1	②	4	問1	4	①	4	問1	9	⑤	4	問1	15	②	4
問2	2	④	4	問2	5	②	4		10	①		問2	16	①	4
問3	3	③	4	問3	6	①	4	問2	11	③	4	問3	17	④	4
-	-			問4	7	②	4		12	④		-	-		
-	-			問5	8	②	4	問3	13	④	4	-	-		
									14	①					

5	解答番号	正答	配点	6	解答番号	正答	配点	7	解答番号	正答	配点
問1	18	③	4	問1	21	③	4	問1	24	①	5
問2	19	①	4	問2	22	④	4	問2	25	④	5
問3	20	④	4	問3	23	④	4	問3	26	②	5
-	-			-	-			問4	27	③	5
-	-			-	-			-	-		

【 解 説 】

1

問1　Aさんが「もうすぐお父さんのお誕生日だね。お父さんには別々のプレゼントを買ったほうがいいよね」と言います。それを聞いたBさんは「私はネクタイを買うことにしているけれども、(あなたは) 何を買うことにしているの？」とたずねます。それに対してAさんは「お父さんにワインを買おうかと考えているところだよ」と答えます。その答えにBさんは「いいね！」と応じています。別々のプレゼントを買ったほうがいいと言うAさんに、Bさんはまず「私」はネクタイを買うことにしていると述べ、次にそれに対して「あなた」は何を買うことにしているのかとたずねています。ここから、「私 (は)」(I) と対になる「あなた (は)」(you) がAさんに最も伝えたい内容だとわかりますので、正解は② you となります。

解答番号【1】：②　⇒ 重要度A

　　A be coming up soon：Aがもうすぐ来る、Aが近い、もうすぐAだ
　　(That) Sounds good!：(それは) いいね！

問2　Aさんが「やあ、トム。いいシャツだね。どこで買ったの？」とたずねると、Bさんは「ありがとう！　ノースショッピングモールで買ったんだよ」と答えます。Aさんはさらに「先週末の大安売りで買ったの？」とたずねます。その質問に対して、Bさんは「ううん、昨日買ったんだ」と答えています。「先週末」の大安売りで買ったのかと問うAさんに対して、Bさんはいいえと答え、続いて下線部を含む文でシャツを買ったのは「昨日」だと訂正していま

す。ここから、「先週末」(last weekend) と対になる「昨日」(yesterday) がAさんに最も伝えたい内容だとわかりますので、正解は④ yesterday となります。

解答番号【2】：④　⇒ **重要度A**

問3　Aさんが「すみません」とBさんに声を掛けると、Bさんは「はい、何かお困りですか？」と応じます。それに対してAさんは「この電車はミドリ駅に行きますか？」とたずねます。その質問に対して、Bさんは「いえ、この電車は中央駅に行きます。ミドリ駅行きの電車でしたら3番ホームから出ています」と答えています。この電車は「ミドリ」駅に行くかと問うAさんに対して、Bさんはいいえと答え、続いて下線部を含む文でこの電車は「中央」駅に行くと訂正しています。ここから、「ミドリ（駅）」(Midori [Station]) と対になる「中央（駅）」(Chuo [Station]) がAさんに最も伝えたい内容だとわかりますので、正解は③ Chuo となります。

解答番号【3】：③　⇒ **重要度A**

　　　How can I help you?：何かお困りですか？
　　　leave from Platform X：X番ホームから発車する

2

問1　お店での対話です。Aさんが「いらっしゃいませ」とBさんに声を掛けると、Bさんは「このセーターを試着してみてもいいですか？」とたずねます。その質問に対して、Aさんは「もちろんです。【空所】」と答えます。それに対してBさんは「はい。ありがとうございます」と応じています。空所の前の文は「このセーターを試着してみてもいいですか？」という疑問文ですから、「もちろんです」ということばの後に続く空所には試着を促す類のことばが入ると推測できます。したがって、正解は① The fitting room is over there.（試着室はあちらにございます）となります。

解答番号【4】：①　⇒ **重要度A**

　　　May I help you?：いらっしゃいませ、何にいたしましょうか
　　　try A on [on A]：Aを試着する

問2　教室での対話です。Aさんが「今日のフランス語の授業、何か宿題はあったっけ？」とたずねると、Bさんは「うん。お気に入りの場所についてのエッセイを書かなければならなかったんだよ」と答えます。それを聞いたAさんが「ああ、どうしよう。【空所】」と言うと、Bさんは「ほんの1段落でいいんだ。すぐにできるさ」と応じています。Bさんから宿題があったことを知ると、Aさんは空所の直前で「ああ、どうしよう」と言っていますから、空所には宿題を忘れていたという内容のことばが入ることがわかります。したがって、正解は② I completely forgot!（すっかり忘れていたよ！）となります。

解答番号【5】：②　⇒ **重要度A**

　　　have to do：～しなければならない　do [solve] a problem：問題を解く

問3　機内での対話です。Aさんが「お飲み物はいかがですか？」とたずねると、Bさんは「はい。【空所】」と言います。それに対してAさんが「オレンジジュースに、アップルジュース、紅茶、緑茶、コーヒーがございます」と言うと、Bさんは「緑茶をください」と応じています。空所には疑問文が入りますから、空所の後の文つまり「オレンジジュースに、アップル

ジュース、紅茶、緑茶、コーヒーがございます」は空所に入る疑問文に対する答えです。したがって、正解は① What do you have?（［飲み物は］何がありますか？）となります。

解答番号【6】：①　⇒ 重要度A

　Would you like A?：Aはいかがですか？

問4　家での対話です。Aさんが「お母さん、美術の課題で色紙が必要なんだ」と言うと、Bさんは「あら、あいにく【空所】」と応じます。それを聞いたAさんが「今日の午後、美術工芸用品店に行ったら買ってもらえる？」とたずねると、Bさんは「ええ、いいわよ」と答えています。Aさんから色紙が必要だと言われたBさんは空所の直前で「あら、あいにく」（Oh, I'm afraid）と述べていますから、空所には色紙がないという内容のことばが入ることがわかります。したがって、正解は② we don't have any.（1枚もないの）となります。このことばを受けて、空所の後の文で買ってもらえるかとたずねているわけです。

解答番号【7】：②　⇒ 重要度A

　I'm afraid (that) 文：申し訳ないのですが〜、すみませんが〜、残念ながら〜

問5　ホテルでの対話です。Aさんが「すみません。ここの近くでランチにいいところをご存知ですか？」とたずねると、Bさんは「はい、『ピアーチェ』に行かれてみるといいですよ。（このあたりでは）一番のピザを出していますから」と答えます。それを聞いたAさんは「いいですね、ピザは大好きです。【空所】」と言います。それに対してBさんは「歩いてほんの5分のところにありますよ」と応じています。空所には疑問文が入りますから、空所の後の文つまり「歩いてほんの5分のところにありますよ」は空所に入る疑問文に対する答えです。したがって、正解は③ How far is it from here?（ここからどのくらいですか？）となります。

解答番号【8】：③　⇒ 重要度A

　How far is it from here (to A)？：ここから（Aまで）どのくらいの距離がありますか？

3

問1　設問の英文は「私の家は両親の仕事のためにあちこちを転々としていました。もし宝くじが当たったら、かつて住んでいたすべての場所を【空所】。旧友たちが私のことを覚えていてくれるといいのですが」とあります。選択肢の visit と空所の後の all the places から〈visit all the places〉というまとまりができます。また、選択肢の use と that money から〈use that money〉というまとまりができ、助動詞 would は〈助動詞＋動詞の原形〉の語順になりますので、〈would use that money〉というさらに大きなまとまりができます。〈would use that money〉と〈visit all the places〉は、このままではこの語順で続けることができませんので、両者の間に to を入れることになります。したがって、完成文は If I won the lottery, I would <u>use</u> that money <u>to</u> visit all the places where we used to live.（もし宝くじが当たったら、かつて住んでいたすべての場所を訪れるためにそのお金を使うでしょうに）となります。

解答番号【9】：⑤　解答番号【10】：①　⇒ 重要度B

　If＋主語＋過去形〜, 主語＋would / could / might＋動詞の原形 …：もし今〜ならば、(would) …するだろうに／(could) …できるのに／(might) …かもしれないのに
　used to do：（今は異なるが、以前は）よく〜した（ものだ）、〜であった

問2　設問の英文は「私たちは街をより安全なものとするために尽力しています。ひとつの案として、あらゆるところに監視カメラを設置するというものがあります。【空所】、犯罪の数は減るでしょう」とあります。〈the 比較級 〜, the 比較級 …〉という慣用表現についての知識がない場合は難しい問題といえます。しかし、後半部の the less crimes we will have という語順から、同様に〈The more security cameras we have〉という語順になると推測できないこともありません。なお、ここにおける more は many の比較級で security cameras を修飾し、less は few の比較級で crimes を修飾しています。上記の語順になるのは、もともと we have more security cameras と we will have less crimes という語順であったものが、〈the 比較級 〜, the 比較級 …〉という語順に変形する際に、比較級が修飾している名詞もいっしょに引っ張られて頭のほうに移動していることによります。したがって、完成文は The more <u>security</u> cameras <u>we</u> have in the city, the less crimes we will have.（街の中に監視カメラがたくさんあればあるほど、犯罪の数は減るでしょう）となります。

解答番号【11】：③　解答番号【12】：④　⇒ **重要度C**

　　　the 比較級 〜, the 比較級 …：〜すればするほど、（それだけますます）…

問3　設問の英文は「カワセミは、大きな頭部と長いくちばしをもつ色の鮮やかな鳥です。これらの特徴のために、カワセミは音もなく水に飛び込み魚を捕らえることができるのです。興味深いことに、【空所】」とあります。まず、選択肢の was と used から〈was used〉というまとまりができます。次に、空所の後に続く語句とともに、何が「日本の新幹線の設計に」用いられたのかと考えれば、文脈から「カワセミの顔の形」が用いられたのだとわかります。したがって、完成文は the shape <u>of</u> its face <u>was</u> used for the design of the Japanese bullet train.（カワセミの顔の形は日本の新幹線の設計に用いられました）となります。

解答番号【13】：④　解答番号【14】：①　⇒ **重要度B**

4

問1　1文目と2文目に Do you want to make your teeth whiter and stronger? Do you want your mouth to feel fresh and clean every day?（歯をもっと白く、またもっと強くしたいと思っていませんか？　毎日、口の中を爽快かつ清潔にしたいと思っていませんか？）とあり、口腔についての話題が導入されています。これらを受けて、3文目には Then, try the new XY White!（それならば、新しくなった「XYホワイト」を試してみてください！）と新商品を使ってみることを促すことばが述べられています。この商品が歯磨き粉であることは4文目からわかります。したがって、正解は②「歯磨き粉を宣伝する」となります。

解答番号【15】：②　⇒ **重要度A**

　　　make A X：A を X（の状態）にする　want A to do：A に〜してもらいたい、A が〜であってほしい、A が〜であることを望む　then：それなら、それでは

問2　1文目に When learning English, many people have trouble memorizing new vocabulary.（英語を学ぶ際、新しい語彙を暗記するのに苦労する人がたくさんいます）とあり、単語の暗記についての問題の話題が導入されています。これを受けて、2文目には One way to solve this problem is to read novels.（この問題を解決するひとつの方法は小説を読むことです）とこの問題に対する解決法が述べられています。3文目以降には、なぜ小説を読むことが単語を覚えることにつながるのかという理由について説明がなされています。した

がって、正解は①「英単語の覚え方を紹介する」となります。

解答番号【16】：①　⇒ 重要度A

have trouble (in) doing：〜するのに苦労する　tend to do：〜する傾向がある、〜しがちである　come across A：Aに出くわす　get [become] used to A：Aに慣れる

問3　1文目は Welcome to the ABC Gym swimming pool.（ABC ジムスイミングプールへようこそ）とあり、スイミングプールの話題が導入されています。これを受けて、2文目と3文目には All swimmers are supposed to wear a swimming cap. Since this is a sports gym, please refrain from using a swim ring or a beach ball in the swimming pool.（泳ぐ人はすべて水泳帽を着用することになっています。スポーツジムでございますので、スイミングプールでの浮き輪またはビーチボールのご使用はご遠慮ください）とプールの利用上の諸注意が述べられています。したがって、正解は④「施設利用上の留意点を知らせる」となります。

解答番号【17】：④　⇒ 重要度A

be supposed to do：〜することになっている、〜しなければならない　refrain from A：Aを控える　We appreciate your cooperation.：ご協力ありがとうございます

5

問1　設問の英文は「セラピードッグは人々に心の安らぎや心の拠り所を与えるよう訓練されています。セラピードッグは、学校や病院、高齢者介護施設といったさまざまな場所に赴いて、学校で【空所】子どもを、あるいは高齢者介護施設で【空所】年配の患者を（精神的または身体的に）助けるのです」とあります。【空所】の前後に着目すると children who have a【空所】time とありますから、セラピーや心の安らぎなどが必要とされるのは、どのようなときを過ごしている子どもかと考えてみると、何らかの要因で困難なときを過ごしている子どもだと推測できます。したがって、正解は③ difficult（困難な）となります。

解答番号【18】：③　⇒ 重要度B

be trained to do：〜するよう訓練されている
have a difficult time：つらい思いをする、苦しい思いをする

問2　設問の英文は「ランニングは多くの国々で最もポピュラーな運動のひとつです。その理由のひとつは、ランニングはほとんどどこででもすることができ、ランニングに必要なものといえば靴一足で済むからです。またもうひとつの理由は、ベテランのランナーだけでなく【空所】もランニングを手軽に楽しめるからです」とあります。3文目にある〈not only A but (also) B〉（AだけでなくBも）という慣用表現に着目すると、Bにあたる【空所】にはAにあたる experienced runners と並列しても違和感のない単語が入ることがわかります。したがって、正解は① beginners（初心者、ビギナー）となります。

解答番号【19】：①　⇒ 重要度A

One reason is that 文 . Another reason is that 文 .：その理由のひとつは〜だからで、またもうひとつの理由は〜だからだ

問3　設問の英文は「山間の寒冷な気候と特別な茶樹のおかげで、我が社はすばらしい紅茶を生産することができます。当社の紅茶を楽しむのはとても簡単です。あなたのお気に入りのティーカップに当社のティーバッグのひとつを入れ、そのティーバッグに沸騰したお湯を注

いで、3分間【空所】だけです。お好みでお砂糖、ミルク、あるいはレモンを加えてください」とあります。ティーバッグにお湯を注いだ後、3分間どうするのかといえば、紅茶を蒸らすつまり紅茶の成分がお湯に抽出されるのを「待つ」ことになります。したがって、正解は④ wait（待つ）となります。

解答番号【20】：④ ⇒ **重要度Ａ**

A enable B to do：AのおかげでBは～することが可能となる
pour A over B：BにAを注ぐ　if desired：お好みで

6

問1　設問文は「表によると、次の選択肢のうちのどれが正しいですか？」とありますので、解答の根拠は表から探します。①「平日の午前中の料金は週末の午前中の料金と同じである」とありますが、表の Weekdays（平日）の Daytime（昼間）の列の料金と Weekends & Holidays（週末・休日）の Daytime の列の料金を比較してみると、異なる料金であることがわかりますから、①は不正解です。②「水曜日の午前中に講堂を3時間使用するには2,100円かかる」とありますが、表の Weekdays の Daytime の列の料金を見ると3 hours（3時間）の行には2,600円と記載されていますから、②は不正解です。③「夜間の料金は昼間の料金よりも高い」とあります。表の Daytime と Night-time（夜間）の列の料金を比較してみると、Weekdays も Weekends & Holidays もどちらも夜間のほうが割高であることがわかりますので、③が正解です。④「1時間の料金で最も安価なのは週末および休日だ」とありますが、表の1 hour の行を見ると Weekdays のほうが安いことがわかりますから、④は不正解です。

解答番号【21】：③ ⇒ **重要度Ａ**

問2　設問文は「この文章によると、次の選択肢のうちのどれが正しいですか？」とありますので、解答の根拠は本文中から探します。①「委員たちは、あまりにお金がかかるという理由で、体育館を使わないことに決めた」とありますが、2段落2文目に Some members suggested using the school gym because it is free.（無料であることを理由に体育館を使用することを提案するメンバーもいました）とあり、そもそも体育館を使用する場合にはお金がかからないことがわかるため、①は不正解です。②「ソノミの学校の生徒たちは理系科目が好きではない」とありますが、1段落5文目に many students at Midori High School like science-related subjects（ミドリ高校では理系科目が好きな生徒が多い）とあるため、②は不正解です。③「ミドリ町コミュニティセンターはソノミの学校から遠い」とありますが、2段落5文目に Fortunately, Midori Town Community Center is located near Sonomi's school（幸運にも、ミドリ町コミュニティセンターがソノミの学校の近くにあります）とあるため、③は不正解です。④「委員たちは学園祭に教授を招待することに決めた」とあります。1段落3文目と4文目にある She and the other committee members would like to invite a famous person to the school festival this year to give a lecture to students and their parents. They decided to ask a professor who received the Novel Prize in Chemistry several years ago.（ソノミとほかの委員たちは、名の売れた人を今年の学園祭に招いて、生徒や保護者に講演を行ってもらうよう依頼したいと考えていました。ソノミたちは、数年前にノーベル化学賞を受賞した教授にお願いすることに決めました）と内容が合致するので、④が正解です。

令和４年度　第２回／英語

解答番号【22】：④　⇒ 重要度Ａ

問３　設問文は「表とこの文章によると、委員会が講堂を使用するにはいくらかかるでしょうか？」とありますので、解答の根拠は表と本文中から探します。まず、３段落４文目と５文目にある Therefore, they agreed to have it on the last day. They called the community center and booked the lecture hall for three hours in the afternoon.（それゆえ、講演は学園祭最終日に開くことに決めました。ソノミたちはコミュニティセンターに電話をかけて、午後の３時間、講堂を予約しました）から、ソノミたちは学園祭最終日の午後に３時間講堂を使うことに決めたことがわかります。また、３段落１文目にある Their school festival will be held for three days from Thursday to Saturday（ソノミたちの学園祭は、木曜日から土曜日にかけて３日間開催されます）という部分から、学園祭最終日は土曜日であることがわかります。これをふまえて、土曜日つまり週末の午後に講堂を３時間使用する場合の料金を表から見つければよいことになります。したがって、正解は④¥3,200. となります。

解答番号【23】：④　⇒ 重要度Ｂ

【全文訳】

ソノミはミドリ高校の高校生で、学園祭委員会のメンバーの一人です。ソノミとほかの委員たちは、名の売れた人を今年の学園祭に招いて、生徒や保護者に講演を行ってもらうよう依頼したいと考えていました。ソノミたちは、数年前にノーベル化学賞を受賞した教授にお願いすることに決めました。ミドリ高校では化学や生物、物理、数学といった理系科目が好きな生徒が多いので、すべての生徒がこの教授の話に興味をもってくれるだろうと考えたのです。そして、教授には自身の研究と研究者としての経験について話してくれるよう頼むことにしました。

ソノミと学園祭委員会のほかのメンバーたちは、講演をどこで行うのがよいかを話し合いました。無料であることを理由に体育館を使用することを提案するメンバーもいましたが、その案に反対するメンバーもいました。反対した人たちは、生徒たちがリラックスできて講演を楽しむことができるように、良い座席と（体育館と比べて）もっと優れた音響装置のある場所で講演を開催するべきだと考えたのです。幸運にも、ミドリ町コミュニティセンターがソノミの学校の近くにあり、そこには新しくて美しい講堂がありました。話し合いを重ねた末、委員会のメンバーたちはその講堂で講演を開くことに決めました。

ソノミたちの学園祭は、今年の 11 月の第３週目の木曜日から土曜日にかけて３日間開催されます。はじめは、委員会のメンバーたちは学園祭の初日に講演を開きたいと思っていました。しかしながら、学園祭初日は木曜日にあたることから、そうしてしまうと、多くの保護者が来場して講演を楽しむことは難しくなってしまうのです。それゆえ、講演は学園祭最終日に開くことに決めました。ソノミたちはコミュニティセンターに電話をかけて、午後の３時間、講堂を予約しました。生徒、先生、保護者のみんなが講演を楽しみにしています。

7

問１　設問文は「レイは【空所】」とあります。設問文から得られる情報は少ないですが、通例、最初の設問は第１段落に解答の根拠があります。①「小さな町で育った」とあります。１段落１行目に Rei is a university student from a small town in the countryside.（レイは小さな田舎町出身の大学生です）とあり、from a small town in the countryside という表現から「小さな町で育った」ことがわかりますので、①が正解です。②「成功した実業家であ

る」とありますが、先に引用した1段落1文目からレイは大学生であることがわかるため、②は不正解です。③「有名な教授になりたかった」とありますが、1段落3文目に His goal is to become a successful businessperson（レイの目標は成功した実業家になることです）とあるため、③は不正解です。④「大きな都市に住むのが好きだ」とありますが、1段落2文目に Last year, he moved to Tokyo to study business at university, but he often misses his hometown.（昨年、レイは大学でビジネスを学ぶために東京に引っ越しましたが、故郷が恋しくなることがたびたびあります）とあるため、④は不正解です。

　　解答番号【24】：①　　⇒ 重要度A

問2　設問文は「レイとチームメイトはみな、【空所】」とありますから、レイがチームを結成してからのことが書かれている箇所つまり第2段落以降に解答の根拠があるはずです。選択肢は①「ヤマダ教授の授業が好きではない」、②「いかなるコンペにも参加できない」、③「ひとりで作業をすることをより好む」、④「ビジネスを学んでいる」とあります。2段落4文目にある Rei decided to enter the competition and asked three of his classmates, who also major in business, to join him.（レイはそのコンペに参加することを決めて、同様にビジネスを専攻する同級生3人にいっしょに参加しないかと誘いました）から、レイは同じくビジネスを学んでいるクラスメイトとチームを結成したことがわかりますので、正解は④となります。

　　解答番号【25】：④　　⇒ 重要度A

問3　設問文は「ヤマダ教授は、【空所】ということにレイが気付く手助けをした」とありますから、ヤマダ教授による助言が書かれている箇所つまり第3段落に解答の根拠があるはずです。選択肢は①「レイのグループが完成させたビジネスプランはコンペで落ちるだろう」、②「レイのグループのメンバーたちはお互いの案に反対することをこわがっている」、③「レイは有能なグループリーダーではない」、④「レイはグループのほかのメンバーから好かれていない」とあります。ヤマダ教授は、3段落5文目にあるように I think your group's problem is that you are scared to disagree with each other's ideas because you think disagreeing with an idea is the same as disagreeing with the person.（私が思うに、あなたのグループの問題点は、あなたたちが［人の］案に反対することは案を出したその人に反対することと同じことだと考えているせいで、お互いの案にこわがって反対できていないところにあるわね）とレイに述べていますので、正解は②となります。

　　解答番号【26】：②　　⇒ 重要度A

問4　設問文は「レイと友人たちは【空所】」とあります。最後の設問ですので、通例、最終段落に解答の根拠があると考えられます。①「クラスメイトみんなの前でプレゼンを行った」とありますが、6段落3文目に Three months later, they presented their business plan online, in front of the judges and other participants.（3ヶ月後、レイたちは、審査員やほかの参加者たちの前で、オンラインでビジネスプランのプレゼンを行いました）とあるため、①は不正解です。②「コンペで優勝した」とありますが、6段落4文目に Although their team did not win（レイたちのチームはコンペで優勝はしませんでしたが）とあるため、②は不正解です。③「コンペで優勝しなかった」とあります。先に引用した6段落4文目の部分からレイたちはコンペでは優勝していないことがわかりますので、③が正解です。④「書類選考ステージを通過できなかった」とありますが、6段落2文目に They passed the first stage of the contest.（レイたちはビジネスプランコンペの第１ステージを通過しました）とあり、第１ステージが書類選考に相当するとすれば、あるいは先に引用した６段落３文目にあるようにレイたちが審査員たちの前でプレゼンしたことをふまえれば、書類選考は通過したと考えられるため、④は不正解です。

解答番号【27】：③　　⇒ 重要度Ａ

【全文訳】

　レイは小さな田舎町出身の大学生です。昨年、レイは大学でビジネスを学ぶために東京に引っ越しましたが、故郷が恋しくなることがたびたびあります。レイの目標は、成功した実業家になって小さな田舎の町々に活気を取り戻す手助けをすることです。

　大学では、レイは自分の目標について指導教員であるヤマダ教授とよく話をすることがあります。ヤマダ教授はレイにある小都市で開催されるビジネスプランコンペに申し込みをするよう勧めました。その小都市では、築150年の大きくて伝統的な日本家屋を再利用する方法について事業案を募っているところでした。レイはそのコンペに参加することを決めて、同様にビジネスを専攻する同級生３人にいっしょに参加しないかと誘いました。

　しかしながら、レイたちの最初のミーティングはうまくいきませんでした。４人ともそれぞれ自分の考えをもってはいたものの、みんなほかの人の案を却下したくなかったので、ひとつの案に意見をまとめることはできなかったのです。レイたちは、２週間が経ってもなおビジネスプランを決めることができていませんでした。意気消沈しながら、レイは助言を求めてヤマダ教授のところに行きました。ヤマダ教授はレイの話を聴いて、こう言いました、「私が思うに、あなたのグループの問題点は、あなたたちが（人の）案に反対することは案を出したその人に反対することと同じことだと考えているせいで、お互いの案にこわがって反対できていないところにあるわね。でも、人の案に反対したからといって、その人に反対することにはならないのよ」と。

　レイはヤマダ教授の助言の意味を理解しました。その翌日、レイはグループのメンバーと話をして、みんなに自分の考えを今一度話してくれるよう頼みました。レイはこう言いました、「今回は、自分の意見を素直に話すことにしようよ。誰かの案に反対してもいいんだよ。人の案が好きではないからといって、その人が嫌いということにはならないんだから。その案に反対しているだけなんだ、その人ではなくてね」と。

　レイの話を聴いた後、チームメイトたちは（以前よりも）不安に思うことなく自分の意見をお互いに述べることができました。５時間後、グループのなかで出された最良のアイディアのすべてを含む、レイたちのビジネスプランの素案がついに決定しました。

　３ヶ月の間、レイたち４人はこの自分たちのビジネスプランに毎日一生懸命に取り組んでいました。（その甲斐あって）ビジネスプランコンペの第１ステージを通過しました。３ヶ月後、レイたちは、審査員やほかの参加者たちの前で、オンラインでビジネスプランのプレゼンを行いました。レイたちのチームはコンペで優勝はしませんでしたが、レイは（コンペで優勝することよりも）はるかに価値のあるものを得ました。（この経験を通して）レイは、人に敬意をもって接する限り、人の考えに反対しても問題ないということを学んだのです。さらに、レイは自分の故郷を再興する手助けをする名案をいくつか思いついたのでした。

令和4年度 第1回
高卒認定試験

英　語

解答時間　50分

英　語

$\left(\text{解答番号}\ \boxed{1}\ \sim\ \boxed{27}\right)$

1 次の1から3までの対話において，下線を引いた語の中で最も強く発音されるものを，それぞれ①〜④のうちから一つずつ選びなさい。解答番号は $\boxed{1}$ 〜 $\boxed{3}$ 。

1 A : Oh no, where's my umbrella?

　B : Did you leave it at the café?

　A : No, I think I had it when we left there.

　B : Maybe you forgot <u>it</u> <u>on</u> <u>the</u> <u>train</u> then.
　　　　　　　　　　　　①　②　③　④

$\boxed{1}$

2 A : Excuse me. How much is this bottle of wine?

　B : It's $20.

　A : Does that include tax?

　B : No. <u>That</u> <u>is</u> <u>without</u> <u>tax</u>. With tax, it would be $22.
　　　　①　②　③　④

$\boxed{2}$

3 A : Are you done packing for tomorrow's beach trip?

　B : Yes, Mom. I have everything in here.

　A : Your friend Jimmy is coming with us, right?

　B : No, he <u>is</u> <u>busy</u> <u>with</u> <u>some</u> school stuff.
　　　　　 ①　②　③　④

$\boxed{3}$

2 次の1から5までの対話文の ☐ 内に入れるのに最も適当なものを、それぞれ①～④のうちから一つずつ選びなさい。解答番号は ☐ 4 ～ ☐ 8 。

1 (At a library)

A : I'd like to borrow this book.

B : OK. May I see your library card?

A : ☐ 4 ☐ What should I do?

B : You can apply for one right now.

① I don't have one.　　　　　　② I was lost in this library.

③ I didn't check it yet.　　　　　④ I'll be sitting over there.

2 (At a museum)

A : Excuse me. Could you tell me where the restroom is?

B : Sure. There's one over there.

A : Oh, but it's really crowded. ☐ 5 ☐

B : Yes, there's also one on the second floor.

① Do you know when it's open?　　② Could you take me there?

③ Is there another restroom?　　　④ Will you show me the ticket?

3 (In a restaurant)

A : Hi, are you ready to order?

B : Yes. Does the Chef's Special come with soup?

A : Yes. ☐ 6 ☐

B : Sounds wonderful. I'll have that then.

① You can pay cash.　　　　　　② It also comes with dessert.

③ You should try a different place.　④ It usually tastes too salty.

4　（At home）

A：What should we do for summer vacation?

B：Let's go on a family trip.

A：| 7 |　We don't have much money.

B：It's OK.　We can go somewhere close to home.

① Are you sure?　　　　　　② Could we study abroad?

③ That sounds great!　　　　④ It was a great holiday.

5　（At school）

A：I couldn't sleep well last night.

B：| 8 |

A：I have a speech contest today.　I'm so nervous.

B：Don't worry.　You'll do fine!

① Do you have a minute?　　② Shall I go with you?

③ Where are we going?　　　④ What's the matter?

3 次の1から3の各英文がまとまりのある文章になるようにそれぞれ①〜⑤の語(句)を並べかえ
たとき，2番目と4番目に入るものを選びなさい。解答番号は │ 9 │ 〜 │ 14 │ 。

1 I spent two hours doing my homework last night. However, I forgot to bring it to school,
so I could not hand it in today. Next time, _____ │ 9 │ _____ │ 10 │ _____ and
make sure I put my homework in my school bag before going to bed.

① will   ② I   ③ remember

④ to   ⑤ check

2 Some students from Canada are visiting Miki's high school next month. She is very
excited because she _____ │ 11 │ _____ │ 12 │ _____ in English at the welcome
party. Now she is practicing it with her English teacher.

① asked   ② a speech   ③ make

④ to   ⑤ was

3 Sakura Kitchen is a Japanese restaurant which serves a variety of delicious foods, such as
rice balls and *udon* noodles. It is located just in front of Sakura Station. Many people
_____ │ 13 │ _____ │ 14 │ _____ a meal at this restaurant.

① who   ② use   ③ enjoy

④ station   ⑤ the

4 次の1から3の各メッセージの送り手が意図したものとして最も適当なものを，それぞれ ①〜④のうちから一つずつ選びなさい。解答番号は ┃15┃ 〜 ┃17┃ 。

1　Thank you for coming to the City Library. Recently, we have received some complaints about cell phone use in the library. If you need to talk on the phone, please make sure to go outside and not to disturb others. We appreciate your cooperation.

① 本の借り方を説明する。　　　② マナーについて注意を促す。

③ 苦情処理の方法を紹介する。　④ 携帯電話の使用を勧める。

┃15┃

2　May I have your attention please? To the owner of a silver van with license plate number ABC123, your car headlights are on. Please go back to the parking lot and turn them off. Thank you.

① 駐車場の閉鎖期間について伝える。　② ライトの交換時期を知らせる。

③ ライトの消し忘れについて知らせる。④ 駐車場の場所を伝える。

┃16┃

3　Do you have trouble cooking with seasonal vegetables? Kumi's Cooking Studio can help! Your instructor has ten years of experience working in the top restaurants in town. In each lesson, she will teach you how to make three dishes using various kinds of seasonal vegetables. Sign up today!

① 野菜の育て方を教える。　　② 野菜の販売店を宣伝する。

③ 野菜の種類を教える。　　　④ 野菜の料理教室を宣伝する。

┃17┃

5   次の1から3の各英文の ⬚ 内に入れるのに最も適当なものを，それぞれ①〜④のうちか
ら一つずつ選びなさい。解答番号は 18 〜 20 。

1   What do you need to learn before getting a job? Some business leaders say that the
three most important 18 in today's business world are critical thinking,
communication, and collaboration. No matter which job you choose, these abilities will
help you succeed.

① people   ② jobs   ③ feelings   ④ skills

2   In Japan, many high schools have school uniforms. You might think that school uniforms
are common only in Asian countries such as Japan, South Korea, and China. 19 .
however, they are common outside of Asia, too. For example, most high schools in
Australia have school uniforms.

① Surprisingly   ② Honestly   ③ Unwillingly   ④ Kindly

3   Shinta and his friends went on a day trip by bike. They decided to go to a park well
known for its beautiful cherry blossoms. It should have taken only thirty minutes to get
there, but along the way, they got 20 . They asked the locals for directions and
finally got to their destination. two hours after they started.

① angry   ② lost   ③ excited   ④ shocked

6 次の表及び英文を読み，1から3の質問の答えとして最も適当なものを，それぞれ①〜④のうちから一つずつ選びなさい。解答番号は 21 〜 23 。

Language School Information

Name	Courses	Maximum class size	Location	Nationalities of students		
ESL Academy	Beginner Intermediate Advanced Business	Beginner 10 Others 15	In Times Circle (a shopping area in the city business center)	Japanese 62% Korean 18% Chinese 12% Chilean 3% Brazilian 1% Others 4%		
Star Language Institute	Beginner Intermediate Advanced	All classes are 8 students or fewer	In Mission Harbor (walking distance from various famous sightseeing places)	Brazilian 27% Japanese 13% Thai 10% Spanish 3% German 3% Others 44%		
UB English School	Beginner Intermediate Advanced Academic	Academic 10 Others 25	In Green Hills (a suburb outside the city surrounded by beautiful nature)	Japanese 24% Swiss 19% Brazilian 14% Thai 11% German 10% Others 22%		

Kanami had always wanted to study abroad since she was an elementary school student. This summer, she has a chance to make her dream come true. Her university offers a study abroad program in New Zealand for its students, and Kanami was accepted to the program. Before she leaves Japan next month, she needs to choose one language school to study at. She has three choices: ESL Academy, Star Language Institute, and UB English School. Kanami had a difficult time choosing one school because they all seemed equally wonderful. She decided to ask her English teacher, Mr. Lee, for advice.

Mr. Lee told her some important points she should think about. He recommended a school where she would be able to meet students from all over the world. According to him, some schools have so many Japanese students that the Japanese students who study there do not feel they need to use English. He told her that meeting students from various countries could help her improve her English and learn about different cultures. He also pointed out that it would be better if she could study in a class with fewer students. In a smaller class, she would have more chances to participate and get feedback from the instructor. In addition, he said that it is important to think about the location of the school. In order to enjoy sightseeing as well as studying abroad, it would be better if she could study near sightseeing spots, such as museums, parks, and historical sites.

After talking to Mr. Lee, Kanami looked over the information of each school again. Now, she has a better idea of what to look for in a language school. She decided to study at Star Language Institute. She is looking forward to meeting new friends from many countries, studying hard in school, and visiting various places.

1   According to the table, which of the following is true?

① ESL Academy has more Chinese students than Japanese students.

② Star Language Institute offers five different courses.

③ UB English School is located in the city.

④ All three schools' classes have 25 students or less.

| 21 |

2   According to the passage, which of the following is true?

① Kanami is going to study abroad this summer.

② Kanami is an elementary school student.

③ Mr. Lee is a high school math teacher.

④ Mr. Lee is going to take his students to summer camp.

| 22 |

3   According to the passage, which of the following is true?

① Mr. Lee suggested that Kanami choose which course to take first.

② Mr. Lee recommended studying in a school with students from many countries.

③ Kanami believed that class size in her university should be smaller.

④ Kanami wanted to focus on learning about New Zealand's culture.

| 23 |

7 次の英文を読み，1から4の □ 内に入れるのに最も適当なものを，それぞれ①～④のうちから一つずつ選びなさい。解答番号は 24 ～ 27 。

One day, when Laura visited her friend Sam at his apartment, she was very surprised because it seemed almost empty. Laura asked him where he kept his things. He answered, "I try not to keep many things. I own a very small number of items." He showed her the inside of his closet, where she found only a few clothing items: one jacket, two shirts, three T-shirts, and three pairs of pants. Sam said, "I used to own a lot of things before, but one day, I realized that I don't need most of them. Once I threw away the things I didn't need, I felt more comfortable." Laura was still surprised, but she found his place comfortable, too.

After Laura went back to her apartment, she realized she had too many things. She decided to clean her place like Sam's, but once she started, she found it very difficult to throw away anything. She thought she needed everything. After one hour, she gave up.

The next day, she told Sam about what had happened. Sam smiled and said, "I felt the same way when I started to reduce my belongings." Then he gave her some advice. For example, he told her that she should donate her clothes instead of throwing them away. That way, she would feel less sad or guilty knowing that someone else would be wearing her favorite clothes. Also, Sam told her that she should make a box to keep things that she does not use anymore. If she does not use the item in the box for another year, she probably does not need it forever, so she can give it away.

That evening, she prepared two boxes. She put some items that she does not use into one box for keeping, and she put other items into another box for donating. This time, she could decide what to keep and what to do with each item. After two hours of cleaning, these two boxes were full, and her closet had more room than before. She felt happy and fulfilled. She still had a lot more things than Sam, but she felt much more comfortable now in her own apartment.

1   When Laura visited Sam, she [24]

①   helped him clean his apartment.

②   learned that Sam owned few things.

③   was surprised because his apartment was so dirty.

④   found his place uncomfortable because it was too small.

2   When Laura started to clean her apartment, she [25]

①   found it very difficult.

②   called Sam to help her.

③   thought it was very enjoyable.

④   decided to throw everything out.

3   Sam advised Laura that she [26]

①   can sell her clothes at a flea market.

②   should buy a new dress to do volunteer work.

③   does not have to throw things away all at once.

④   should not throw her clothes away but keep them forever.

4   Laura [27]

①   found a way to reduce her belongings.

②   threw most of her clothes away.

③   felt unhappy after finishing cleaning.

④   wanted to get more items than Sam did.

令和４年度　第１回

解答・解説

【重要度の表記】

Ａ：重要度が高く確実に正答したい設問。しっかり
　　復習する必要のある問題です。

Ｂ：重要度はＡレベルよりすこし下で、やや難易度
　　が高い設問または内容を読み取る設問。高得点
　　を狙う人は復習しましょう！

Ｃ：重要度が低い、または難解な設問。軽く復習す
　　る程度でよいでしょう！

令和4年度 第1回 高卒認定試験

【 解 答 】

1	解答番号	正答	配点	2	解答番号	正答	配点	3	解答番号	正答	配点	4	解答番号	正答	配点
問1	1	④	4	問1	4	①	4	問1	9	①	4	問1	15	②	4
問2	2	③	4	問2	5	③	4		10	④		問2	16	③	4
問3	3	②	4	問3	6	②	4	問2	11	①	4	問3	17	④	4
-	-	-		問4	7	①	4		12	③		-	-	-	
-	-	-		問5	8	④	4	問3	13	②	4	-	-	-	
-	-	-		-	-				14	④		-	-	-	

5	解答番号	正答	配点	6	解答番号	正答	配点	7	解答番号	正答	配点
問1	18	④	4	問1	21	④	4	問1	24	②	5
問2	19	①	4	問2	22	①	4	問2	25	①	5
問3	20	②	4	問3	23	②	4	問3	26	③	5
-	-	-		-	-	-		問4	27	①	5
-	-	-		-	-	-		-	-	-	

【 解 説 】

1

問1 Aさんが「あっ、しまった、私の傘はどこだ？」と言います。それを聞いたBさんが「カフェに傘を置き忘れたんじゃない？」とたずねると、Aさんは「いや、カフェを出たときには持っていたと思う」と答えます。その答えに対して、Bさんは「それじゃあ、電車に忘れたのかもしれないね」と述べています。傘を置き忘れたのは「カフェ」（there ＝ café）ではないと言うAさんに対して、Bさんは下線部を含む文でそれならば「電車」に忘れたのかもしれないと意見を述べています。ここから、「カフェ」（café）と対になる「電車」（train）がAさんに最も伝えたい内容だとわかりますので、正解は④ train となります。

解答番号【1】：④　⇒ **重要度A**

　　leave A：（ある場所に）Aを置き忘れる　then：それなら、それでは

問2 Aさんが「すみません。このボトルのワインはいくらですか？」とたずねると、Bさんは「20ドルです」と答えます。Aさんはさらに「その値段は税込ですか？」とたずねます。その質問に対して、Bさんは「いいえ。その値段は税抜です。税込ですと、22ドルでございます」と答えています。そのワインの値段が税「込」なのかと問うAさんに対して、Bさんはいいえと答え、続いて下線部を含む文で税「抜」であると訂正しています。ここから、「（税）込」（include [tax]）と対になる「（税）抜」（without [tax]）がAさんに最も伝えたい内容だとわかりますので、正解は③ without となります。

解答番号【2】：③　　⇒ 重要度A

　　A include tax：Aは税を含む、Aは税込だ　without tax：税抜で

問3　Aさんが「明日のビーチへの旅行の荷造りは済んだの？」とたずねると、Bさんは「うん、お母さん。ここに全部入っているよ」と答えます。Aさんはさらに「友達のジミーも私たちといっしょに来るのよね？」とたずねます。その質問に対して、Bさんは「来ないよ、ジミーは何か学校のことで忙しいから」と答えています。友達のジミーも来るのよねと確認するAさんに対して、Bさんはいいえと述べ、続いて下線部を含む文でジミーは学校のことで忙しいとジミーが来ない理由を補足しています。その理由の内容をひと言でいえば「忙しい」からということです。このことから、「忙しい」（busy）がAさんに最も伝えたい内容だとわかりますので、正解は② busy となります。

解答番号【3】：②　　⇒ 重要度B

　　be done doing：～が済む、～を終える　be busy with A：Aで忙しい
　　文, right?：（確認の意味合いで）～だね？

2

問1　図書館での対話です。Aさんが「この本を借りたいのですが」と話し掛けます。Bさんは「わかりました。図書館貸出カードを見せていただけますか？」とたずねます。それを聞いたAさんは「【空所】どうしたらいいですか？」とたずね返します。それに対してBさんは「すぐに図書館貸出カードを申し込むことができますよ」と答えています。空所の前の文は「図書館貸出カードを見せていただけますか？」という依頼を表す疑問文ですから、空所にはそれに対する答えが入ります。したがって、正解は① I don't have one.（図書館貸出カードをもっていません）となります。もっていないことを受けて、空所の後の文で「どうしたらいいですか？」とたずねているわけです。

解答番号【4】：①　　⇒ 重要度A

　　would like to do：～したいのですが　apply for A：Aを申し込む、申請する
　　one：前出の単数名詞を指す。本問における one は library card を指す。

問2　博物館での対話です。Aさんが「すみません。お手洗いがどこにあるか教えていただけますか？」とたずねます。それを聞いたBさんは「ええ。お手洗いはあそこにありますよ」と答えます。Aさんは「あら、とても混んでいますね。【空所】」と言います。それに対してBさんは「はい、2階にもお手洗いがありますよ」と応じています。空所には疑問文が入りますから、空所の後の文つまり「はい、2階にもお手洗いがありますよ」は空所に入る疑問文に対する答えです。したがって、正解は③ Is there another restroom?（ほかにお手洗いはありますか？）となります。

解答番号【5】：③　　⇒ 重要度A

　　Could you tell me ＋疑問詞＋ (S) ＋ V ?：～かを教えていただけますか？

問3　レストランでの対話です。Aさんが「いらっしゃいませ、ご注文はお決まりですか？」と話し掛けます。Bさんは「はい。『シェフの本日のおすすめ』にはスープがつきますか？」とたずねます。それを聞いたAさんは「ええ。【空所】」と答えます。それに対してBさんは「と

てもいいですね。それなら、それにします」と応じています。空所の前の文は「『シェフの本日のおすすめ』にはスープがつきますか？」という疑問文ですから、「ええ」ということばの後に続く空所には「シェフの本日のおすすめ」について補足する類のことばが入ると推測できます。したがって、正解は② It also comes with dessert.（さらに、『シェフの本日のおすすめ』にはデザートがつきます）となります。さらにデザートもつくということばを受けて、空所の後の文で「とてもいいですね」と応じているわけです。

解答番号【6】：②　⇒ 重要度A

　　Are you ready to order?：ご注文はお決まりですか？　come with A：Aがついてくる

問4　家での対話です。Aさんが「夏休みは何をしようか？」とたずねると、Bさんは「家族旅行に行こう」と答えます。それを聞いたAさんは「【空所】お金があまりないよ」と言います。それに対してBさんは「大丈夫。どこか近場に行くこともできるから」と応じています。家族旅行に行こうという提案を受けるも、空所の後の文では「あまりお金がないよ」と述べていることから、提案に対して否定的な反応を示すことばが空所に入ることがわかります。したがって、正解は① Are you sure?（本当に？）となります。

解答番号【7】：①　⇒ 重要度B

　　What should we do for A?：Aはどうしようか？　Aに何をしようか？

問5　学校での対話です。Aさんが「昨夜はよく眠れなかったな」と言います。それを聞いたBさんが「【空所】」とたずねると、Aさんは「今日はスピーチコンテストがあってね。すごく緊張しているんだ」と答えます。それに対してBさんは「心配ないさ。君ならうまくやれるよ！」と応じています。空所には疑問文が入りますから、空所の後の文つまり「今日はスピーチコンテストがあってね。すごく緊張しているんだ」は空所に入る疑問文に対する答えです。したがって、正解は④ What's the matter?（どうしたの？）となります。

解答番号【8】：④　⇒ 重要度A

　　What's the matter (with A)?：（Aは）どうしたの？（＝ What's wrong?）
　　You'll do fine!：あなたならうまくできる！（＝ You can do it!）

3

問1　設問の英文は「昨夜、2時間かけて宿題をしました。それなのに、学校に宿題を持っていくのを忘れてしまったので、今日宿題を提出することができませんでした。次は、寝る前に学校の鞄に宿題が入っているか【空所】」とあります。動詞 remember には〈remember to do〉という用法がありますので、〈remember to check〉というまとまりができます。さらに、助動詞 will は〈助動詞＋動詞の原形〉の語順になりますので、〈will remember to check〉というまとまりができます。したがって、完成文は Next time, I will remember to check and make sure I put my homework in my school bag before going to bed.（次は、寝る前に学校の鞄に宿題が入っているかを忘れずに確認するつもりです）となります。

解答番号【9】：①　解答番号【10】：④　⇒ 重要度A

　　remember to do：忘れずに～する　check and make sure (that) 文：～かを確認する

問2　設問の英文は「来月、カナダから数人の生徒がミキの高校を訪れることになっています。

ミキは歓迎会で英語で【空所】ので、とてもわくわくしています。今、ミキは英語の先生とスピーチの練習をしているところです」とあります。空所の前の she と選択肢の was と asked から〈she was asked〉というまとまりができます。また、asked と to から〈ask A to do〉という用法を思い出すことができれば、〈she was asked to do〉というまとまりは〈ask A to do〉の A を主語にした受動態だと推測できます。したがって、完成文は She is very excited because she was <u>asked</u> to <u>make</u> a speech in English at the welcome party.（ミキは歓迎会で英語でスピーチをするよう頼まれたので、とてもわくわくしています）となります。

解答番号【11】：①　解答番号【12】：③　⇒ 重要度B

　　ask A to do：A に〜するよう頼む　make [give] a speech：スピーチをする、演説する

問3　設問の英文は「さくらキッチンは、おにぎりやうどんといったさまざまなおいしい食べ物を出す和食レストランです。さくらキッチンは、さくら駅の真向かいにあります。【空所】」とあります。選択肢の冠詞 the と名詞 station から〈the station〉というまとまりができます。また、動詞 use と enjoy について、何を use するのかと考えれば〈use the station〉というまとまりが、同様に何を enjoy するのかと考えれば〈enjoy a meal〉というまとまりができます。ここまでたどりつくことができれば、「さくら駅を利用する多くの人々が食事を楽しむ」のだとわかりますから、who は関係代名詞として用いることになります。したがって、完成文は Many people who <u>use</u> the <u>station</u> enjoy a meal at this restaurant.（さくら駅を利用する多くの人々がこのレストランで食事を楽しんでいます）となります。

解答番号【13】：②　解答番号【14】：④　⇒ 重要度A

　　A such as B：B のような A　be located just in front of A：A の真向かいにある

4

問1　2文目に Recently, we have received some complaints about cell phone use in the library.（最近、図書館内での携帯電話の使用についての苦情が寄せられております）とあり、携帯電話の苦情についての話題が導入されています。これを受けて、3文目には If you need to talk on the phone, please make sure to go outside and not to disturb others.（通話をする必要がある場合には、必ず外に出てほかの方のご迷惑にならないようお願いいたします）と携帯電話を使用する際の注意が述べられています。したがって、正解は②「マナーについて注意を促す」となります。

解答番号【15】：②　⇒ 重要度A

　　receive a complaint：苦情を受ける　make sure to do：必ず〜するようにする

問2　2文目に To the owner of a silver van with license plate number ABC123, your car headlights are on.（ナンバープレート ABC123 の銀色のバンのオーナーにお伝えします。お車のヘッドライトがついております）とあり、ヘッドライトがつけっぱなしであることが車の所有者に伝えられます。これを受けて、3文目には Please go back to the parking lot and turn them off.（駐車場にお戻りになってヘッドライトを消してくださいますようお願いいたします）と車の所有者への依頼が述べられています。したがって、正解は③「ライトの消し忘れについて知らせる」となります。

解答番号【16】：③　⇒ 重要度A

May I have your attention, please?：お知らせいたします　turn A off [off A]：Aを消す

問3　1文目は Do you have trouble cooking with seasonal vegetables?（旬の野菜を使ったお料理をするのに苦労していませんか？）とあり、野菜を使った料理の話題が導入されています。これを受けて、2文目には Kumi's Cooking Studio can help!（クミ・クッキング・スタジオがお力になることができます！）と料理教室の具体的な名称が登場し、3文目以降には講師やレッスンの詳細が述べられています。したがって、正解は④「野菜の料理教室を宣伝する」となります。

解答番号【17】：④　　⇒ 重要度A

have trouble (in) doing：〜するのに苦労する
teach A how to do：Aに〜のしかたを教える

5

問1　設問の英文は「就職する前に何を学んでおく必要があるのでしょうか？　ビジネスリーダーのなかには、今日のビジネスの世界における最も重要な3つの【空所】はクリティカル・シンキング、コミュニケーション、コラボレーションだと述べる人もいます。あなたがどんな仕事を選ぼうとも、これらの能力はあなたが仕事において成功するのに役立つでしょう」とあります。2文目の文意を考えてみると、【空所】に入る単語の3つのうちのひとつの具体例がクリティカル・シンキング（批判的思考）であることがわかります。また、3文目では3つのものを these abilities（これらの能力）と言い換えています。したがって、正解は④ skills（技能）となります。

解答番号【18】：④　　⇒ 重要度A

no matter which [what, who, where, when, how] 〜:たとえどの［何、誰、どこで、いつ、いかに］〜でも

問2　設問の英文は「日本では、多くの高校に学校の制服があります。学校の制服というのは、日本や韓国、中国といったアジアの国々にのみよく見られるものだと思うかもしれません。しかしながら、【空所】アジアの外においてもよく見られるものなのです。たとえば、オーストラリアのたいていの高校には学校の制服があります」とあります。2文目と3文目では、制服がアジアの国々にのみよく見られるものだと思うかもしれないが、アジアの外でもよく見られると述べられています。ここから、【空所】には予想に反するような事柄を述べる文脈で用いることばが入ることがわかります。したがって、正解は① Surprisingly（驚いたことに）となります。

解答番号【19】：①　　⇒ 重要度A

A have B：AはBをもっている、AにはBがある［いる］

問3　設問の英文は「シンタと彼の友人たちは、自転車で日帰り旅行をしました。シンタたちは桜が美しいことでよく知られている公園に行くことに決めました。その公園に到着するのに30分しかかからないはずだったのですが、途中で彼らは【空所】。シンタたちは地元の人たちに道をたずねて、ようやく目的地に到着したのですが、その時には出発してから2時間が経っていました」とあります。3文目と4文目にあるように、30分で行くことができると

ころに2時間もかかって到着したのはなぜか、また地元の人に道をたずねているのはなぜか と考えてみると、道に迷ってしまったからだとわかります。したがって、正解は② lost（道 に迷った）となります。

解答番号【20】：②　⇒ 重要度B

　　should have ＋過去分詞：〜するはずだった、〜するべきだった　get lost：道に迷う

6

問1　設問文は「表によると、次の選択肢のうちのどれが正しいですか？」とありますので、解 答の根拠は表から探します。①「ESL アカデミーには日本人学生よりも中国人学生が多く いる」とありますが、表の Nationalities of students（学生の国籍）の列を見ると中国人よ りも日本人のほうが多いことがわかりますから、①は不正解です。②「スター・ランゲージ・ インスティテュートは5つの異なるコースを設置している」とありますが、表の Courses （コース）の列を見ると Beginner（初級）・Intermediate（中級）・Advanced（上級）の3 つのコースを設置していることがわかりますから、②は不正解です。③「UB イングリッ シュ・スクールは市内に位置している」とありますが、表の Location（立地）の列を見る と a suburb outside the city（市の外の郊外）にあることがわかりますから、③は不正解です。 ④「3つの学校のクラスはいずれも 25 人以下である」とあります。表の Maximum class size（クラス規模の上限）の列を見ると最大 25 人であることがわかりますので、④が正解 です。

解答番号【21】：④　⇒ 重要度A

問2　設問文は「この文章によると、次の選択肢のうちのどれが正しいですか？」とありますの で、解答の根拠は本文中から探します。①「カナミはこの夏に留学する予定だ」とあります。 1段落2文目と3文目にある This summer, she has a chance to make her dream come true. Her university offers a study abroad program in New Zealand for its students, and Kanami was accepted to the program.（この夏、カナミは自分の夢をかなえる機会を得ま した。カナミの大学は学生のためにニュージーランドでの留学プログラムを提供しているの ですが、そのプログラムへの参加が認められたのです）と内容が合致するので、①が正解で す。②「カナミは小学生である」とありますが、1段落3文目の冒頭にある Her university （カナミの大学）という表現からカナミは大学生であることがわかるため、②は不正解で す。③「リー先生は高校の数学の先生だ」とありますが、1段落7文目にある her English teacher, Mr. Lee（カナミの英語の先生であるリー先生）という表現からリー先生は英語の 先生であることがわかるため、③は不正解です。④「リー先生は学生たちをサマーキャンプ に連れていく予定だ」とありますが、本文にはサマーキャンプについての言及がないことか ら、④は不正解です。

解答番号【22】：①　⇒ 重要度A

問3　設問文は「この文章によると、次の選択肢のうちのどれが正しいですか？」とありますの で、解答の根拠は本文中から探します。①「リー先生は最初に受講すべきコースを選んでは どうかと提案した」とありますが、本文にはリー先生によるコースについての言及がないこ とから、①は不正解です。②「リー先生は多くの国々からやってきた学生のいる学校で勉強

することを推奨した」とあります。2段落2文目にある He recommended a school where she would be able to meet students from all over the world.（リー先生は世界各地からやってきた学生に出会える学校を推奨しました）と内容が合致するので、②が正解です。③「カナミは自分の大学のクラスサイズはもっと小さくあるべきだと思っていた」とありますが、本文にはカナミの大学のクラスサイズについての言及がないことから、③は不正解です。④「カナミはニュージーランドの文化について学ぶことに重点を置きたかった」とありますが、本文にはニュージーランドの文化についての言及がないことから、④は不正解です。

解答番号【23】：②　　⇒ 重要度A

【全文訳】
　カナミは小学生の頃からずっと留学したいと思っていました。この夏、カナミは自分の夢をかなえる機会を得ました。カナミの大学は学生のためにニュージーランドでの留学プログラムを提供しているのですが、そのプログラムへの参加が認められたのです。来月に日本を離れる前に、カナミは学び場とする語学学校をひとつ選ばなければなりません。カナミには3つの選択肢があります。ESLアカデミーとスター・ランゲージ・インスティテュートとUBイングリッシュ・スクールです。カナミは、どの語学学校もすべて等しくすばらしいように思われるので、ひとつの学校を選ぶのに苦労していました。そこで、カナミは自分の英語の先生であるリー先生に助言を求めることにしました。

　リー先生はカナミに考慮すべき大事な点をいくつか教えました。リー先生は世界各地からやってきた学生に出会える学校を推奨しました。リー先生によれば、ある学校には非常に多くの日本人学生がいるために、そこで勉強する日本人学生は英語を使う必要はないという気がしてしまうということでした。さまざまな国からやってきた学生に出会うことは、英語力を高めるのにも、異文化について学ぶのにも役立つことがあると、リー先生はカナミに伝えました。また、リー先生は、より少人数のクラスで勉強ができるのであれば、そのほうが良いという指摘もしました。より小規模のクラスであれば、（アクティビティーなどに）参加したり、講師からフィードバックを得たりする機会が増えるということでした。さらに、学校の立地を考えることも大事だと、リー先生は言いました。留学だけでなく観光も楽しむためには、博物館や公園、史跡といった観光スポットに近いところで勉強ができるのであれば、そのほうが良いということでした。

　リー先生と話した後、カナミは各校の情報をもう一度調べました。今では、カナミは語学学校に何を求めるべきかを（リー先生と話す前と比べて）よく理解しています。カナミは、スター・ランゲージ・インスティテュートで勉強することに決めました。カナミは、たくさんの国々からやってきた新たな友人たちに出会い、学校では勉学に励み、さまざまな場所を訪れることを楽しみにしています。

7

問1　設問文は「サムを訪ねたとき、ローラは【空所】」とありますから、サムを訪ねたときのことが書かれている箇所つまり第1段落に解答の根拠があるはずです。①「サムのアパートを片付けるのを手伝った」とありますが、本文にはローラがサムの手伝いをすることについての言及がないことから、①は不正解です。②「サムがほとんど物を所有していないことを知った」とあります。解答の根拠はいくつかありますが、たとえば1段落1文目にある it seemed almost empty（アパートはほとんど空っぽのように見えた）という表現、あるいは4文目にある I own a very small number of items.（ごく少数の物だけをもっているんだ）というサムのことばから、サムがほとんど物をもっていないことを知ったと考えられますので、②が正解です。③「サムのアパートがとても汚いので驚いた」とありますが、1段落1文目に because it seemed almost empty（アパートはほとんど空っぽのように見えたので）とあるため、③は不正解です。④「あまりに狭かったのでサムの家は居心地が良くないことがわかった」とありますが、1段落8文目に she found his place comfortable, too（ローラにもサムの家は居心地の良いことがわかったのでした）とあるため、④は不正解です。

解答番号【24】：②　　⇒ 重要度 A

問2　設問文は「自分のアパートを片付けはじめたとき、ローラは【空所】」とありますから、ローラの自宅に戻ってからのことが書かれている箇所つまり第2段落に解答の根拠があるはずです。①「自分のアパートを片付けるのは難しいということがわかった」とあります。2段落2文目にある She decided to clean her place like Sam's, but once she started, she found it very difficult to throw away anything.（ローラは、サムの家のように自分の家をきれいにする決心をしました。しかし、ひとたびはじめてみると、何か物を捨てるのは非常に難しいということがわかりました）と内容が合致するので、①が正解です。②「助けてもらうためにサムに電話した」とありますが、本文には電話についての言及がないことから、②は不正解です。③「自分のアパートを片付けるのは非常に楽しいと思った」とありますが、先に引用した2段落2文目に「非常に難しい」ことがわかったとあるだけでなく、4文目に After one hour, she gave up.（1時間後、ローラは断念しました）とあるため、③は不正解です。④「すべての物を処分することを決めた」とありますが、2段落3文目に She thought she needed everything.（ローラにはすべての物が必要だと思えたのです）とあるため、④は不正解です。

解答番号【25】：①　　⇒ 重要度 A

問3　設問文は「サムはローラに【空所】勧めた［と助言した］」とありますから、サムによるアドバイスが書かれている箇所つまり第3段落に解答の根拠があるはずです。選択肢は①「フリーマーケットで衣服を売ることができる（と助言した）」、②「ボランティア活動をするために新しい服を買うよう（勧めた）」、③「すべて一度に物を捨てる必要はない（と助言した）」、④「衣服を捨てるのではなくいつまでも取っておくよう（勧めた）」とあります。3段落6文目にある Also, Sam told her that she should make a box to keep things that she does not use anymore.（もう使っていない物を入れておく箱をつくるといいと、サムはローラに伝えました）から、サムは片付けの過程で処分するか否かを一時保留にする方法を提示していることがわかりますので、正解は③となります。

解答番号【26】：③　　⇒ 重要度 B

問4　設問文は「ローラは【空所】」とあります。最後の設問ですので、通例、最終段落に解答の根拠があると考えられます。①「自分の身のまわりの物を減らす方法を見つけた」とあります。4段落2文目にある「保管用の箱」と「寄付用の箱」を用いるというやり方によって、4文目にあるように these two boxes were full, and her closet had more room than before（これらの2つの箱はいっぱいになり、ローラのクローゼットには以前よりも余裕ができました）という結果になったことがわかりますので、①が正解です。②「自分の衣服のうち

の大半を捨てた」とありますが、４段落６文目にある She still had a lot more things than Sam（ローラはまだサムよりもずっと多くの物をもっていました）という表現から、大半を捨てたとは考えられないため、②は不正解です。③「片付けが終わったあとでみじめな気持ちになった」とありますが、４段落５文目に She felt happy and fulfilled.（ローラはうれしく感じ、また満足感を覚えました）とあるため、③は不正解です。④「サムよりももっと多くの物を手に入れたかった」とありますが、ローラは物を減らすことに取り組んでいたため、④は不正解です。

解答番号【27】：①　⇒ **重要度Ａ**

【全文訳】
　ある日、ローラは友達のサムのアパートを訪ねてみると、アパートはほとんど空っぽのように見えたので非常に驚きました。ローラはサムにどこに身のまわりの物を置いているのかとたずねました。「物をたくさん置かないようにしていて、ごく少数の物だけをもっているんだ」とサムは答えました。サムがローラにクローゼットの中を見せると、そこには、ジャケット１着、シャツ２着、Ｔシャツ３着、ズボン３本といった、ほんの数点の衣服があるだけでした。サムはこう言いました、「以前はよくたくさんの物をもっていたけれども、ある日、そのうちの大半はいらないと気付いてね。いったん必要のない物を捨てたら、居心地が良くなったんだよ」と。依然としてローラは驚いていましたが、ローラにもサムの家は居心地の良いことがわかったのでした。

　ローラは自分のアパートに戻ると、あまりに物が多いことに気が付きました。ローラは、サムの家のように自分の家をきれいにする決心をしました。しかし、ひとたびはじめてみると、何か物を捨てるのは非常に難しいということがわかりました。ローラにはすべての物が必要だと思えたのです。１時間後、ローラは断念しました。

　その翌日、ローラはサムに前日の出来事について話しました。サムはにっこりしてこう言いました、「身のまわりの物を減らしはじめたときに同じように感じたよ」と。それから、サムはローラにアドバイスをしました。たとえば、衣服を捨てるのではなくて寄付したらいいとローラに伝えました。そのようにすれば、自分のお気に入りの服を誰かが着てくれることになると思えて、あまり悲しさを感じなくなったり、あるいは罪悪感を抑えられたりするということでした。さらに、もう使っていない物を入れておく箱をつくるといいとローラに伝えました。もしその箱にある物をもう１年経っても使わなければ、おそらくそれはこの先もずっと必要ないということになるから、そういった物を寄付することもできるということでした。

　その夜、ローラは２つの箱を用意しました。使っていない物は保管用の箱の中に入れ、その他の物は寄付用の箱の中に入れました。今度は、ローラは何を取っておくべきなのか、またそれぞれの物をどう処理すべきなのかを決めることができました。片付けをして２時間が経つと、これらの２つの箱はいっぱいになり、ローラのクローゼットには以前よりも余裕ができました。ローラはうれしく感じ、また満足感を覚えました。ローラはまだサムよりもずっと多くの物をもってはいましたが、今や自分のアパートに（以前よりも）はるかに居心地の良さを感じているのでした。

令和3年度 第2回
高卒認定試験

英　語

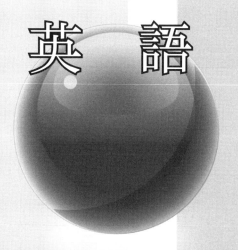

解答時間　50 分

英　　　語

（解答番号　1　～　27 ）

1 次の１から３までの対話において，下線を引いた語の中で最も強く発音されるものを，それぞれ
①～④のうちから一つずつ選びなさい。解答番号は　1　～　3　。

1　A : Mom, do you know where my phone is?

B : Well, I saw it in the living room.

A : I checked there, but I couldn't find it.

B : How about the kitchen? Have you checked there?
　　　①　　②　　③　　④

1

2　A : Do you know Mr. Suzuki?

B : Yes. I took his English class last year.

A : English class? I thought he was a math teacher.
　　　　　　　　　　　　①　②　　③　　④

B : Oh, maybe I'm talking about a different person.

2

3　A : I haven't seen you lately.

B : I was absent from work for three days.

A : Were you sick?

B : No, not me. My daughter was sick.
　　　　　　　①　　②　　③　④

3

2 次の1から5までの対話文の ☐ 内に入れるのに最も適当なものを，それぞれ①～④のう
ちから一つずつ選びなさい。解答番号は ☐4☐ ～ ☐8☐ 。

1 （At home）

A : I'm going to the grocery store.

B : Could you get a few things for me?

A : ☐ 4 ☐

B : Thank you. I'll give you a list.

① Sure, tell me what you need.   ② Of course, we can sell them online.

③ Actually, that store is popular.   ④ Come on, you need them.

2 （At a clothing store）

A : May I help you?

B : Yes. Can I use this coupon?

A : I'm sorry. It's expired. ☐ 5 ☐

B : Oh, I didn't check the date.

① We don't accept any coupons.   ② We don't have any discount items.

③ The item was on sale.   ④ Yesterday was the last day.

3 （At a ticket office）

A : Hi, we'd like to buy two tickets for the show.

B : There are shows at 3 p.m. and 5 p.m. Which would you prefer?

A : ☐ 6 ☐

B : Then I recommend the one at 3 p.m. You can sit in the first row.

① We'll see you at 5 p.m.   ② We've already paid for them.

③ We want to sit in the front.   ④ We'll go home to have dinner.

4　(In a classroom)

A : Have you finished your homework?

B : What? Did we have homework?

A : Yes!　7

B : Oh, no. I totally forgot!

① I got a high score.　　② We had to write an essay.

③ You were always right.　　④ Mr. Tanaka was my teacher.

5　(On a street)

A : Excuse me. Do you know any good Japanese restaurants around here?

B : Oh, yes. There is one called *Hana* near the subway station.

A :　8

B : No, it's only about a ten-minute walk.

① Is it far from here?　　② Can you join us?

③ Do you like it?　　④ Does it taste good?

3 次の１から３の各英文がまとまりのある文章になるようにそれぞれ①〜⑤の語を並べかえたとき，２番目と４番目に入るものを選びなさい。解答番号は 9 〜 14 。

1 Tomoki is busy doing club activities after school from Monday to Friday. When he gets home, he is so tired that he cannot study at all. So, _____ 9 _____ 10 _____ the library on weekends.

  ① decided   ② at   ③ he

  ④ study   ⑤ to

2 Lake Tazawa in Akita Prefecture is surrounded by beautiful nature. The color of the water changes from blue to green depending on the season. It is also _____ 11 _____ 12 _____ in Japan. It attracts many foreign tourists as well as Japanese.

  ① the   ② known   ③ as

  ④ deepest   ⑤ lake

3 In the past, ordering food delivery online was not so popular. However, these days, the _____ 13 _____ 14 _____ online is increasing. This is because food delivery apps have made ordering delivery much easier and quicker.

  ① ordering   ② food   ③ people

  ④ of   ⑤ number

4 次の1から3の各メッセージの送り手が意図したものとして最も適当なものを，それぞれ①～④のうちから一つずつ選びなさい。解答番号は **15** ～ **17** 。

1 Attention, shoppers. Thank you for shopping at ABC Mall. To the driver of the black station wagon, license plate K 12-34, please move your vehicle immediately. It is parked in the delivery truck area and is blocking access for some delivery trucks. Thank you for your cooperation.

① 当選番号を知らせる。　　　　② 自動車の移動を依頼する。

③ 新商品を紹介する。　　　　　④ 避難経路を確認する。

15

2 Our university library not only owns a great collection of books but also offers study rooms for individuals and groups. Rooms are available for anyone with a library card and can be reserved for a maximum of five hours per group per day. You can make a reservation two weeks in advance at the front desk.

① 本の貸出期間を説明する。　　② 図書館の開館時間を知らせる。

③ 学習室の予約方法を説明する。④ 新刊図書の内容を知らせる。

16

3 We are opening a Japanese restaurant next month in downtown Sydney. We are looking for staff members who can speak Japanese. If you are interested, please contact Mike Suzuki at (03) 1233 4566. We look forward to hearing from you.

① メニューを紹介する。　　　　② 従業員を募集する。

③ 電話番号の変更を通知する。　④ 日本語教室の案内をする。

17

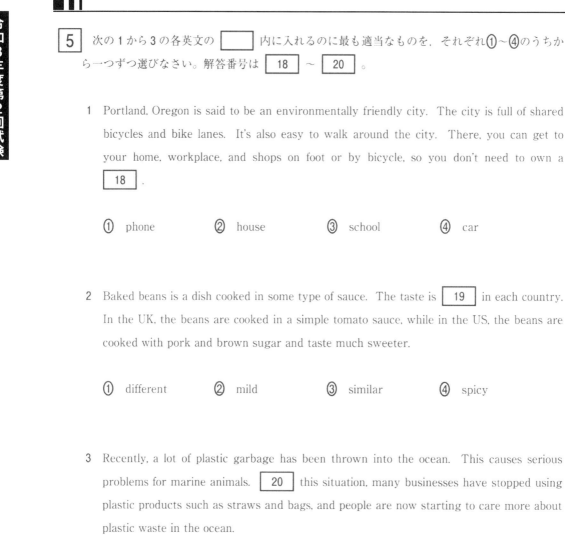

5 次の1から3の各英文の [ ] 内に入れるのに最も適当なものを、それぞれ①〜④のうちから一つずつ選びなさい。解答番号は 18 〜 20 。

1 Portland, Oregon is said to be an environmentally friendly city. The city is full of shared bicycles and bike lanes. It's also easy to walk around the city. There, you can get to your home, workplace, and shops on foot or by bicycle, so you don't need to own a 18 .

① phone   ② house   ③ school   ④ car

2 Baked beans is a dish cooked in some type of sauce. The taste is 19 in each country. In the UK, the beans are cooked in a simple tomato sauce, while in the US, the beans are cooked with pork and brown sugar and taste much sweeter.

① different   ② mild   ③ similar   ④ spicy

3 Recently, a lot of plastic garbage has been thrown into the ocean. This causes serious problems for marine animals. 20 this situation, many businesses have stopped using plastic products such as straws and bags, and people are now starting to care more about plastic waste in the ocean.

① Regardless of   ② Because of   ③ Compared to   ④ Instead of

6　次のグラフ及び英文を読み，1から3の質問の答えとして最も適当なものを，それぞれ①～④のうちから一つずつ選びなさい。解答番号は [21] ～ [23] 。

Number of Books Read a Month

Reasons for Not Reading

In recent years, the teachers at Doc Show High School have noticed that their students' reading skills are becoming weaker. So, at the beginning of the school year, they took a survey on the students' reading habits. One hundred first-year students were asked how many books they usually read in a month. The students who do not read books at all were also asked the reasons. They could choose more than one reason.

The teachers were very surprised to find out how many students do not read any books at all. The most common reason is that they do not have time. The second most common reason is that they want to do other things. Also, some students said that they do not think reading is important. The teachers realized that they had to do something to encourage their students to read more.

The teachers started by telling students about their favorite books when they were in high school. They talked about why they enjoyed the book and what they learned from it. Then. they got students to do 15 minutes of reading every morning. Students were told to read any book they like. They were also required to introduce the book that they read to the class. Many students said that they enjoyed talking about their book. They were also very interested in what book their friends read. The teachers felt their efforts were successful as they noticed more students started to visit the school library to borrow books.

1　According to the pie chart and the graph. which of the following is true?

① No students read three or four books in a month.

② More than half of the students do not read any books.

③ Only a few students answered they do not have time to read.

④ Most students answered reading is not important.

21

2　According to the passage, which of the following is true?

① The teachers noticed their students read difficult books.

② The teachers surveyed 100 third-year students.

③ The teachers thought their students read too much.

④ The teachers encouraged their students to read more.

22

3　According to the passage. which of the following is true?

① The teachers introduced the books they enjoyed to their students.

② The students had to read to their classmates every day.

③ The students thought talking about books was boring.

④ The teachers worked at school during the winter holidays.

23

7 次の英文を読み，１から４の □ 内に入れるのに最も適当なものを，それぞれ①〜④のうちから一つずつ選びなさい。解答番号は □24□ 〜 □27□ 。

Miki ran an Italian restaurant with her husband in the suburbs of Tokyo. All their staff worked hard and many customers came to enjoy their food. She was satisfied with their work, but she always felt bad about how much food was wasted. Customers often did not finish all their food, and the staff had to throw it away. The amount of food they wasted was not small, so she felt she had to do something about it.

One day, Miki came up with a way to solve their food waste problem and told her husband about her idea. She suggested that the restaurant make a signboard to show customers how much food was being wasted. She thought it was a good idea, but her husband disagreed. He thought that the customers would not want to read about food waste because they had come to enjoy a meal. He was worried about losing customers. Miki thought he had a good point and gave up on the signboard idea.

However, Miki still tried to find another solution. One day, she saw a TV program that explained it is quite normal for people in foreign countries to bring back leftovers when they eat out. She proposed this idea to her husband. Her husband said he was worried that if customers get sick from the food, they will complain to the restaurant. She explained that more and more restaurants have started allowing customers to bring their food home, but they have not had any problems. She said they can tell customers it would be their responsibility if they choose to bring the food home. Miki also pointed out that this would save money for the restaurant because they can reduce the amount of food waste. Finally, her husband accepted her idea. He understood her consideration towards the customers, the restaurant, and the environment.

1   Miki thought she had to ☐24☐

① quit her part-time job.

② eat everything at a restaurant.

③ reduce food waste.

④ make small dishes.

2   Miki's husband didn't accept her first idea because he thought ☐25☐

① it would cost too much money to realize.

② customers wouldn't come to the restaurant.

③ customers didn't have enough time.

④ she had better ideas in the past.

3   Miki thought it was a good idea that the customers ☐26☐

① learn how to make Italian food.

② watch TV at the restaurant.

③ eat at home more often.

④ bring home the food they can't finish.

4   Miki explained to her husband that ☐27☐

① the customers might get sick.

② the customers might order less.

③ the restaurant would save money.

④ the restaurant would hire more people.

令和３年度　第２回

解答・解説

【　解　答　】

1	解答番号	正答	配点	2	解答番号	正答	配点	3	解答番号	正答	配点	4	解答番号	正答	配点
問1	1	④	4	問1	4	①	4	問1	9	①	4	問1	15	②	4
問2	2	③	4	問2	5	④	4		10	④		問2	16	③	4
問3	3	②	4	問3	6	③	4	問2	11	③	4	問3	17	②	4
-	-			問4	7	②	4		12	④		-	-		
-	-			問5	8	①	4	問3	13	④	4	-	-		
-	-			-	-				14	①					

5	解答番号	正答	配点	6	解答番号	正答	配点	7	解答番号	正答	配点
問1	18	④	4	問1	21	②	4	問1	24	③	5
問2	19	①	4	問2	22	④	4	問2	25	②	5
問3	20	②	4	問3	23	①	4	問3	26	④	5
-	-			-	-			問4	27	③	5
-	-			-	-			-	-		

【　解　説　】

1

問1　Aさんが B さんに「お母さん、私の（携帯）電話がどこにあるか知っている？」と尋ねます。B さんは「ええと、リビングで見たわよ」と答えます。それを聞いた A さんは「リビングは確認してみたけれど見つからなくて」と言います。それに対して B さんは「キッチンはどうかな？　キッチンは確認してみた？」と答えています。

　　　リビングは確認したが（携帯）電話が見つからないという A さんに対して、B さんは下線部を含む文で（それならばリビングではなく）キッチンを確認してみたらどうかと提案しています。B さんは「リビング」と対になる「キッチン」を強調したいはずですので、正解は④ kitchen となります。

解答番号【1】：④　　⇒ **重要度A**

　　　How about O（目的語）？：～（をして）はどうか？

問2　Aさんが B さんに「スズキさんをご存じですか？」と尋ねます。B さんは「はい。去年、スズキさんの英語の授業を受けていました」と答えます。それを聞いた A さんは「英語の授業ですか？　スズキさんは数学の先生だったかと思います」と言います。それに対して B さんは「あっ、おそらく私は違う人のことを話していますね」と答えています。

　　　スズキさんの英語の授業を取っていたという B さんに対して、A さんは下線部を含む文でスズキさんは英語の先生ではなく数学の先生であると訂正しています。A さんは「英語」

と対になる「数学」を強調したいはずですので、正解は③ math となります。

解答番号【2】：③　　⇒ 重要度A

　　take an English [a math] class：英語［数学］の授業を受ける

問3　AさんがBさんに「ここのところ見掛けませんでしたね」と話し掛けます。Bさんは「3日間仕事を休んでいまして」と言います。それを聞いたAさんは「病気だったのですか？」と尋ねます。それに対してBさんは「いえ、私ではないです。娘が病気だったのです」と答えています。

　　病気で休んでいたのかと尋ねるAさんに対して、Bさんは下線部を含む文で病気だったのは私ではなく自分の娘であると訂正しています。Bさんは「私」と対になる「娘」を強調したいはずですので、正解は② daughter となります。

解答番号【3】：②　　⇒ 重要度A

　　be absent from ～：～を欠席する、休む

2

問1　家での対話です。AさんがBさんに「食料雑貨店に行ってくるよ」と話し掛けます。Bさんは「私の代わりにちょっとものを買ってきてくれる？」と尋ねます。それを聞いたAさんは「【問題箇所】」と答えます。それに対してBさんは「ありがとう。リストを渡すね」と言っています。

　　Bさんが買い物を依頼する文の直後に【問題箇所】があり、またBさんは「ありがとう」とお礼を言っていることから、AさんはBさんの依頼に応じたことがわかります。したがって、正解は① Sure, tell me what you need.（いいよ、必要なものを教えて）となります。

解答番号【4】：①　　⇒ 重要度A

　　what you need：あなたが必要とするもの、あなたが何を必要としているのか

問2　衣料品店での対話です。AさんがBさんに「どうなさいましたか？」と話し掛けます。Bさんは「はい。このクーポンは使えますか？」と尋ねます。それを聞いたAさんは「申し訳ございません。こちらは有効期限が過ぎております。【問題箇所】」と答えます。それに対してBさんは「あっ、日付を確認していませんでした」と言っています。

　　Aさんがクーポンの有効期限切れを伝える文の直後に【問題箇所】があり、またBさんは（有効期限の）日付に言及していることから、【問題箇所】には有効期限に関する内容の文が入ることがわかります。したがって、正解は④ Yesterday was the last day.（昨日が［有効期限の］最終日でした）となります。

解答番号【5】：④　　⇒ 重要度A

　　It's(＝ It has) expired.：（それは）有効期限が切れている

問3　チケット売り場での対話です。AさんがBさんに「こんにちは、このショーのチケットを2枚購入したいのですが」と話し掛けます。Bさんは「午後3時の回と午後5時の回がございます。どちらがよろしいですか？」と尋ねます。それを聞いたAさんは「【問題箇所】」と言います。それに対してBさんは「それでしたら、午後3時の回をおすすめします。最前列にお掛けになれますよ」と答えています。

　　【問題箇所】の直後でBさんが Then（それでしたら）と始めていますので、Aさんは【問

題箇所】で何か要望を伝えたことがわかります。また、Bさんが対話の末尾で最前列で観覧ができると言い添えていることから座席についての要望であることがわかります。したがって、正解は③ We want to sit in the front.（最前列の席に座りたいです）となります。

解答番号【6】：③　⇒ **重要度B**

　　Which would you prefer?：どちらがよろしいですか？

問4　教室での対話です。AさんがBさんに「宿題は終わった？」と尋ねます。Bさんは「何？宿題なんてあった？」と答えます。それを聞いたAさんは「あったよ！【問題箇所】」と言います。それに対してBさんは「ああ、しまった。完全に忘れていたよ！」と答えています。

　　Bさんの宿題の有無についての質問に対してAさんが「あったよ！」と答えた直後に【問題箇所】がありますから、【問題箇所】には宿題に関する内容の文が入ることがわかります。したがって、正解は② We had to write an essay.（小論を書かなければならなかったんだよ）となります。

解答番号【7】：②　⇒ **重要度A**

　　have to 動詞の原形：～しなければならない

問5　街路での対話です。AさんがBさんに「すみません。このあたりにどこか良い日本料理店がないかご存じですか？」と言います。Bさんは「あっ、知っていますよ。地下鉄の駅の近くにHanaという日本料理店があります」と答えます。それを聞いたAさんは「【問題箇所】」と言います。それに対してBさんは「いや、ほんの徒歩10分程度ですよ」と答えています。

　　【問題箇所】の直後でBさんはお店までの所要時間を答えていますから、【問題箇所】には距離や時間を問う文が入ることがわかります。したがって、正解は① Is it far from here?（ここから遠いのですか？）となります。

解答番号【8】：①　⇒ **重要度A**

　　Is it far from A (to B)?：Aから（Bまでは）遠いですか？

3

問1　設問の英文は「トモキは月曜日から金曜日まで放課後は部活動で忙しくしています。トモキは帰宅したときには、とても疲れているのでまったく勉強することができないのです。それで、【問題箇所】」となっています。解答のポイントは① decided です。よく使われる〈decide to 動詞の原形〉というカタマリができないかと考えてみますと、⑤ to と④ study があります。また、the library（図書館）を学ぶことはできませんから、場所の前には前置詞である② at を置くと考えます。したがって、完成文は he decided to study at the library on weekends.（トモキは週末に図書館で勉強することに決めました）となります。

解答番号【9】：①　解答番号【10】：④　⇒ **重要度A**

問2　設問の英文は「秋田県の田沢湖は美しい自然に囲まれています。田沢湖の水の色は季節によって青から緑へと変わります。田沢湖はまた【問題箇所】。この湖は日本人だけでなくたくさんの海外からの旅行者を引き付けているのです」となっています。解答のポイントは② known です。よく使われる〈be known as ～〉というカタマリができないかと考えてみますと、be動詞であるisはすでに設問の英文にあり、選択肢に③ as があります。また、④

deepest は deep の最上級ですから、① the がセットになることがわかります。したがって、完成文は It is also known as the deepest lake in Japan.（田沢湖はまた日本で最も深い湖としても知られています）となります。

解答番号【11】：③　解答番号【12】：④　⇒ 重要度A

depending on 〜：〜によって、〜に応じて
be known as 〜：〜として知られている

問3　設問の英文は「昔はネットで出前を注文することはそれほどポピュラーではありませんでした。しかしながら、最近では【問題箇所】。なぜなら、出前のアプリの登場によって宅配を注文することが以前よりずっと簡単に手早くできるようになったからです」となっています。解答のポイントは【問題箇所】の直後にある is increasing（増えつつある）です。何が増えつつあるのかと考えて選択肢を見てみると⑤ number が見つかりますから、ある数字が増えつつあるのだとわかります。また、【問題箇所】の前文の ordering food delivery online という表現を参考にすると、ordering food online というカタマリをつくることができます。この ordering food online は people の後に配置することになります（この ordering は現在分詞で、前文と後文の動名詞としての ordering とははたらきが異なります）。したがって、完成文は the number of people ordering food online is increasing.（ネットで食べ物を注文する人々の数が増えつつあります）となります。

解答番号【13】：④　解答番号【14】：①　⇒ 重要度B

make O（目的語）C（補語）：O を C の状態にする

4

問1　3文目に To the driver of the black station wagon, license plate K 12-34, please move your vehicle immediately.（ナンバープレート K 12-34 の黒のステーションワゴンのドライバーにお伝えします。至急、お車の移動をお願い申し上げます）という依頼を伝える文があります。これを受けて、4文目には It is parked in the delivery truck area and is blocking access for some delivery trucks.（お車が配送車のための区域に駐車されていて配送車の通行が妨げられております）とその依頼の理由が述べられています。したがって、正解は②「自動車の移動を依頼する」となります。

解答番号【15】：②　⇒ 重要度A

block access for 〜：〜が入ることを阻止する、〜が利用することをはばむ

問2　2文目に Rooms are available for anyone with a library card and can be reserved for a maximum of five hours per group per day.（学習室は図書貸出カードをお持ちであればどなたでも利用可能で、ひとつのグループにつき1日最大5時間予約することができます）とあり、学習室の利用可能者とその予約についての話題が出てきます。これを受けて、3文目には You can make a reservation two weeks in advance at the front desk.（予約は2週間前から可能で受付で承っております）と具体的な学習室の予約方法が示されています。したがって、正解は③「学習室の予約方法を説明する」となります。

解答番号【16】：③　⇒ 重要度A

make a reservation：予約する　cf. reserve 〜：〜を予約する

問3　2文目と3文目に We are looking for staff members who can speak Japanese. If you are interested, please contact Mike Suzuki at (03) 1233 4566. （日本語を話すことができるスタッフを探しているところです。もしご興味がございましたら、電話番号 (03) 1233 4566 にてマイク・スズキまでご連絡ください）というスタッフの募集を伝える文があります。したがって、正解は②「従業員を募集する」となります。

解答番号【17】：②　　⇒ ■重要度A■

　　contact A (at B)：（B で）A と連絡をとる

5

問1　設問の英文は「オレゴン州ポートランドは環境にやさしい都市だと言われています。この都市にはシェアサイクルと自転車専用レーンがたくさんあります。市内を歩き回ることもまた容易です。ポートランドでは、徒歩あるいは自転車で家にも職場にもお店にも行くことができますから、【問題箇所】を所有する必要はないのです」とあります。【問題箇所】を含む文では徒歩や自転車といった交通手段を話題としていますから、【問題箇所】にも交通手段が入ることがわかります。したがって、正解は④ car（車）となります。

解答番号【18】：④　　⇒ ■重要度A■

　　get to ～：～に着く、～に行く

問2　設問の英文は「ベイクト・ビーンズはソースで調理される料理です。この味は国によって【問題箇所】。イギリスではベイクト・ビーンズはシンプルなトマトソースで調理されるのに対して、アメリカではベイクト・ビーンズは豚肉とブラウンシュガーとともに調理され、イギリスのものに比べてずっと甘い味がします」とあります。【問題箇所】の後にはイギリスとアメリカのベイクト・ビーンズの違いに関する内容が続いています。したがって、正解は① different（違っている、異なっている）となります。

解答番号【19】：①　　⇒ ■重要度B■

　　S（主語）V（動詞）, while S V.：S V なのに対して S V

問3　設問の英文は「最近、たくさんのプラスチックごみが海に投棄されています。このことが海洋動物に深刻な問題をもたらしています。この状況【問題箇所】、多くの企業がストローや袋のようなプラスチック製品を使用するのを中止し、人々は今、海中のプラスチック廃棄物に以前よりも関心を持ち始めています」とあります。「この状況」（＝プラスチックごみのせいで海洋動物に問題を引き起こしている状況）が「原因」で、【問題箇所】以降が「結果」という構造になっています。したがって、正解は② Because of（～のために）となります。

解答番号【20】：②　　⇒ ■重要度B■

　　S（主語）cause B for A / S cause A B：S が A に B をもたらす　※ 原因 cause 結果

6

問1　設問文：円グラフとグラフによると、次の選択肢のうちのどれが正しいですか？【21】
　　①「ひと月に3冊か4冊の本を読む生徒はいません」とありますが、円グラフを見ると3冊か4冊の本を読む生徒は9%となっているため、①は不正解です。②「生徒のうちの半数以上がまったく本を読みません」とあり、円グラフを見ると0冊の生徒は59%となって

いるので、②が正解です。③「ほんのわずかの生徒が読書をする時間がないと回答しました」とありますが、グラフを見ると時間がないと回答した生徒は（読書をまったくしないという生徒のうちの）64％となっているため、③は不正解です。④「大半の生徒が読書は重要ではないと回答しました」とありますが、グラフを見ると読書が重要ではないと回答した生徒は（読書をまったくしないという生徒のうちの）11％となっているため、④は不正解です。

解答番号【21】：② ⇒ **重要度A**

問2　設問文：この英文によると、次の選択肢のうちのどれが正しいですか？【22】
　①「この教師たちは生徒たちが難しい本を読んでいることに気付きました」とありますが、本文には本の難易度についての言及がないことから、①は不正解です。②「この教師たちは三年生の100人の生徒を調査しました」とありますが、1段落3文目にOne hundred first-year students were asked how many books they usually read in a month.（一年生の100人の生徒に、ふだんひと月に何冊の本を読むかと尋ねました）とあるため、②は不正解です。③「この教師たちは生徒たちが読書をし過ぎていると考えました」とありますが、2段落1文目にThe teachers were very surprised to find out how many students do not read any books at all.（教師たちは本を一冊たりとも読まないという生徒がどれほど多いかがわかって非常に驚きました）とあるため、③は不正解です。④「この教師たちは生徒たちがもっと読書をするよう仕向けました」とあります。2段落5文目にThe teachers realized that they had to do something to encourage their students to read more.（教師たちはわが校の生徒たちがもっと読書に励むよう何かをしなければならないと悟ったのです）とあり、3段落ではその取り組みが述べられているので、④が正解です。

解答番号【22】：④ ⇒ **重要度A**

問3　設問文：この英文によると、次の選択肢のうちのどれが正しいですか？【23】
　①「この教師たちは自分がかつて楽しんだ本を生徒たちに紹介しました」とあり、3段落1文目にあるThe teachers started by telling students about their favorite books when they were in high school.（教師たちは高校生のときの愛読書について生徒たちに話すことから始めました）と内容が合致するので、①が正解です。②「この生徒たちは毎日クラスメイトに本を読み聞かせなければならなかった」とありますが、3段落5文目にThey were also required to introduce the book that they read to the class.（生徒たちはまた自分が読んだ本をクラスに向けて紹介するよう求められてもいました）とあるため、②は不正解です。③「この生徒たちは本について話をすることは退屈だと考えました」とありますが、3段落6文目にMany students said that they enjoyed talking about their book.（多くの生徒たちが自分の読んだ本について話すのは楽しいと言っていました）とあるため、③は不正解です。④「この教師たちは冬休みの間も学校で働いていました」とありますが、本文には冬休みについての言及がないことから、④は不正解です。

解答番号【23】：① ⇒ **重要度A**

【全文訳】
　ここ数年、ドク・ショー高校の教師たちは当校の生徒たちの読解力が以前よりも落ちつつあることに気付いていました。それを受けて、学年度のはじめに教師たちは生徒たちの読書週間に関する調査を行いました。一年生の100人の生徒に、ふだんひと月に何冊の本を読むかと尋ねました。読書をまったくしないという生徒には、さらにその理由も尋ねました。

理由についてはひとつ以上選ぶことも可能でした。

　教師たちは非常に驚きました。本を一冊たりとも読まないという生徒が多いことがわかったからです。最も多く選ばれた理由は時間がないということで、次に多く選ばれた理由はほかのことをしたいということでした。また、読書が大事だとは思わないと述べる生徒もいました。教師たちはわが校の生徒たちがもっと読書に励むよう何かをしなければならないと悟ったのでした。

　教師たちは高校生のときの愛読書について生徒たちに話すことから始めました。その本を楽しんだ理由やその本から学んだことについて話をしました。次に、生徒たちに毎朝 15 分間の読書をしてもらうことにしました。生徒たちは好きな本を読むよう伝えられ、また自分が読んだ本をクラスに向けて紹介するよう求められてもいました。多くの生徒たちが自分の読んだ本について話すのは楽しいと言っていました。そのうえ、友人がどんな本を読んだのか非常に興味をもっていました。教師たちは、以前よりも多くの生徒が本を借りるために学校の図書館に足を運んでいることに気付き、自分たちの取り組みはうまくいったのだと感じました。

7

問1　設問文：ミキは【24】しなければならないと考えました。

　①「アルバイトをやめる」とありますが、1 段落 1 文目に Miki ran an Italian restaurant with her husband in the suburbs of Tokyo.（ミキは東京の郊外で夫とともにイタリア料理店を経営していました）とあるため、①は不正解です。②「レストランでは残さず食べる」とありますが、本文にはミキがレストランでどう食事をするかについての言及がないことから、②は不正解です。③「食品廃棄物を減らす」とあり、1 段落 5 文目にある The amount of food they wasted was not small, so she felt she had to do something about it.（ミキたちが廃棄する食べ物の量は少なくないことから、ミキはそのことについて何かをしなければならないという気がしていました）と内容が合致するので、③が正解です。④「小皿料理を作る」とありますが、本文には小皿料理についての言及がないことから、④は不正解です。

解答番号【24】：③　　⇒ **重要度B**

問2　設問文：ミキの夫は【25】と思ったので、ミキの最初の案を受け入れませんでした。

　①「その案は非常に多くのお金が掛かるので実現できないだろう」とありますが、本文には金銭面の心配についての言及がないことから、①は不正解です。②「お客がレストランに来なくなるだろう」とあり、2 段落 4 文目と 5 文目にある He thought that the customers would not want to read about food waste because they had come to enjoy a meal. He was worried about losing customers.（ミキの夫は、お客は食事を楽しみに来ているのだから食品廃棄物について読んで知りたくもないだろうと考えたのです。ミキの夫はそれによってお客を失うのではないかとも心配していました）と内容が合致するので、②が正解です。③「お客に十分な時間がない」とありますが、本文には客に時間が十分にあるかどうかについての言及がないことから、③は不正解です。④「ミキは過去により優れた案をもっていた」とありますが、本文にはミキの過去の案についての言及がないことから、④は不正解です。

解答番号【25】：②　　⇒ **重要度B**

問3　設問文：ミキはお客が【26】のは良い案だと考えました。

①「イタリア料理の作り方を学ぶ」とありますが、本文にはイタリア料理の作り方についての言及がないことから、①は不正解です。②「レストランでテレビを観る」とありますが、本文には客がテレビを観るかどうかについての言及がないことから、②は不正解です。③「もっと頻繁に自宅で食事をする」とありますが、本文には自宅での食事の頻度についての言及がないことから、③は不正解です。④「食べ切れなかった料理を家に持ち帰る」とあり、3段落2文目と3文目にある One day, she saw a TV program that explained it is quite normal for people in foreign countries to bring back leftovers when they eat out. She proposed this idea to her husband.（ある日、ミキはあるテレビ番組を観ていました。そのテレビ番組では、外国の人々にとって外食の際に食べ残しを持ち帰るのはごくふつうのことであると説明していたのです。ミキはこのアイディアを夫に提案しました）と内容が合致するので、④が正解です。

解答番号【26】：④　　⇒ **重要度Ａ**

問4　設問文：ミキは夫に【27】と説明しました。
　①「お客が病気になるかもしれない」とありますが、3段落4文目にあるように、客が病気にかかることを心配したのはミキではなくミキの夫であることから、①は不正解です。②「お客が注文する量が減る」とありますが、本文には客の注文量についての言及がないことから、②は不正解です。③「レストランのお金の節約になるだろう」とあり、3段落7文目にある Miki also pointed out that this would save money for the restaurant because they can reduce the amount of food waste.（さらに、食品廃棄物の量を減らすことができるのだから、こうすることによってレストランのお金を節約することになるとも、ミキは指摘しました）と内容が合致するので、③が正解です。④「レストランはより多くの人を雇うだろう」とありますが、本文にはスタッフを増やすかどうかについての言及がないことから、④は不正解です。

解答番号【27】：③　　⇒ **重要度Ａ**

【全文訳】
　ミキは東京の郊外で夫とともにイタリア料理店を経営していました。すべてのスタッフが一生懸命働いてくれますし、たくさんのお客がミキたちの作る料理を楽しみにやってきました。ミキはスタッフたちの働きに満足していましたが、いつも多量の食べ物が無駄になっていることを悔やんでいました。お客が料理を残すことはよくあることで、その場合にはスタッフが残ったものを捨てなければなりませんでした。ミキたちが廃棄する食べ物の量は少なくないことから、ミキはそのことについて何かをしなければならないという気がしていました。
　ある日、ミキは食品廃棄物の問題を解決する方法を思い付き、自分のアイディアについて夫に話しました。ミキはレストランに掲示板を作ってどれほどの量の食べ物が無駄になっているのかをお客に示したらどうかと提案しました。ミキはこれが良い案だと思いましたが、夫は反対しました。ミキの夫は、お客は食事を楽しみに来ているのだから食品廃棄物について読んで知りたくもないだろうと考えたのです。ミキの夫はそれによってお客を失うのではないかとも心配していました。ミキは夫の意見にも一理あると考え、掲示板の案はあきらめました。
　しかしながら、ミキはそれでもなお別の解決策を見つけ出そうとしていました。ある日、ミキはあるテレビ番組を観ていました。そのテレビ番組では、外国の人々にとって外食の際に食べ残しを持ち帰るのはごくふつうのことであると説明していたのです。ミキはこのアイ

ディアを夫に提案しました。ミキの夫は、もし持ち帰ったものが原因でお客が病気になった
ら、お客はレストランにクレームをつけるのではないかと心配なのだと言いました。ミキは
こう説明しました。お客が食べ残しを持ち帰ることを許可し始めているレストランがますま
す増えているけれども、そういったレストランでは何の問題も起きていないと。お客が自宅
に食べ残しを持ち帰ることを選んだ場合は自己責任であると私たちはお客に伝えることがで
きると、ミキは言いました。さらに、食品廃棄物の量を減らすことができるのだから、こう
することによってレストランのお金を節約することになるとも、ミキは指摘しました。つい
に、ミキの夫はミキの案を受け入れました。ミキの夫はお客とレストランと環境に対するミ
キの配慮を理解したのです。

令和3年度 第1回
高卒認定試験

英　語

解答時間　50分

英　　　語

1　次の1から3までの対話において，下線を引いた語の中で最も強く発音されるものを，それぞれ①～④のうちから一つずつ選びなさい。解答番号は 1 ～ 3 。

1　A：Do you like watching movies?

B：Yes, I do.

A：What kind of movies do you like?

B：I like action movies.
　　①② ③ ④

1

2　A：What's the matter?

B：I need to contact Mary, but I can't find her number.

A：You should try calling her sister instead.
　　　　　① ② ③ ④

B：OK, I have her number.　Thank you.

2

3　A：Wow!　She plays the guitar so well.

B：Yes, she is really talented.　Do you play any musical instruments?

A：No, but I sing in the school chorus.
　　　　①②③④

B：That's great!

3

2 次の1から5までの対話文の ▢ 内に入れるのに最も適当なものを，それぞれ①～④のうちから一つずつ選びなさい。解答番号は ▢4 ～ ▢8 。

1 （At a station）

A : Oh no, we just missed the train.

B : Don't worry. ▢4

A : How do you know that?

B : You can see the train schedule over there.

① I have your ticket in my bag.　② It will rain in the afternoon.

③ The next one is in five minutes.　④ We will earn a lot of money.

2 （At a restaurant）

A : Excuse me, can I have a coffee?

B : Sure.　Anything else?

A : ▢5

B : OK, I'll bring it right now.

① Can I get the dessert menu?　② Will you do me a favor?

③ Do you have the time?　④ Is there a restroom near here?

3 （At home）

A : Have you finished your homework?

B : I'll do it after dinner, Mom.

A : No. ▢6

B : All right. I'll do it now.

① Don't forget to buy salt.　② Tell me what you want to eat.

③ You must wash your hands.　④ You should finish it before dinner.

4　(At an office)

A：What's wrong, Takeshi?

B：The printer is not working.

A：That's strange.　　7

B：Well, it's still broken.

① It's not a new one.　　② You can ask me anything.

③ We just fixed it yesterday.　　④ I don't have a printer.

5　(On the phone)

A：Hello, this is Miku Tanaka. Could I talk to Mr. Tamura?

B：Sorry, but　　8

A：I see. Would you tell him to call me back?

B：Sure. Could I have your number?

① can you tell me your name?　　② he is out of town until next week.

③ you have the wrong number.　　④ would you like to leave a message?

3 次の１から３の各英文がまとまりのある文章になるようにそれぞれ①〜⑤の語（句）を並べかえたとき，２番目と４番目に入るものを選びなさい。解答番号は 9 〜 14 。

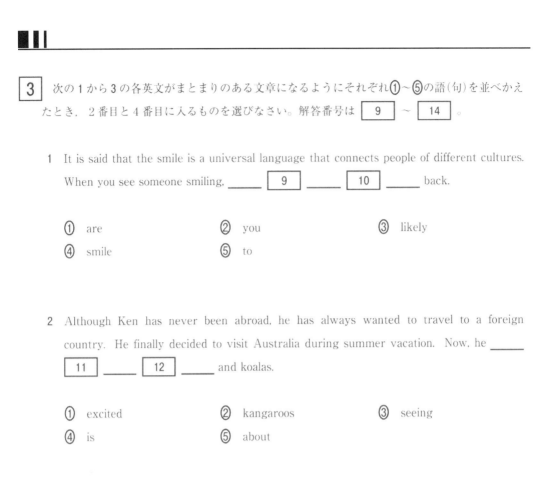

1 It is said that the smile is a universal language that connects people of different cultures. When you see someone smiling, ＿＿＿ 9 ＿＿＿ 10 ＿＿＿ back.

① are   ② you   ③ likely

④ smile   ⑤ to

2 Although Ken has never been abroad, he has always wanted to travel to a foreign country. He finally decided to visit Australia during summer vacation. Now, he ＿＿＿ 11 ＿＿＿ 12 ＿＿＿ and koalas.

① excited   ② kangaroos   ③ seeing

④ is   ⑤ about

3 The number of bees has been decreasing, so a company started to put nests on the rooftops of buildings. The project seemed difficult in the beginning. With a lot of effort, however, they ＿＿＿ 13 ＿＿＿ 14 ＿＿＿ successful.

① the project   ② to   ③ make

④ able   ⑤ were

4　次の1から3の各メッセージの送り手が意図したものとして最も適当なものを，それぞれ
①～④のうちから一つずつ選びなさい。解答番号は　15　～　17　。

1　I bought a pair of shoes on your online shop last week. However, I believe there has been
a mistake with my order. I ordered the red shoes, but I received blue ones. I would like
to exchange these blue shoes for red ones. I hope to hear from you soon.

① ウェブサイトの不具合を伝える。　② オンラインでの販売を提案する。
③ 購入する商品の色を相談する。　④ 購入した商品の交換を依頼する。

15

2　Next month, our school will host twenty Australian students from our sister school for
two weeks. They will join some of our lessons and school events. All of them have been
studying Japanese. When you see them around, feel free to talk to them in Japanese or in
English.

① 短期留学生の受け入れを知らせる。　② 授業への積極的な参加を呼びかける。
③ 姉妹校の場所を説明する。　④ ホストファミリーを募集する。

16

3　The 15th Green City Marathon will be held on Sunday, October 20th. To ensure the
safety of all runners, roads in the downtown area will be closed from 9 a.m. to 3 p.m. No
cars, trucks, or motorbikes will be allowed to enter during this time. Please visit the city's
website for more information.

① 大会の延期を伝える。　② イベントの参加者を紹介する。
③ 道路の通行止めを知らせる。　④ 大会の参加方法を案内する。

17

令和3年度第1回試験

5 次の1から3の各英文の ⬜ 内に入れるのに最も適当なものを，それぞれ①〜④のうちから一つずつ選びなさい。解答番号は ⬜18⬜ 〜 ⬜20⬜ 。

1 Each country has particular clothes for special occasions. The *hanbok* is a type of ⬜18⬜ clothing in Korea similar to the kimono in Japan. Korean people wear it for festivals, ceremonies, and celebrations. In the past, the colors and designs of a *hanbok* showed a person's age and social status.

① traditional   ② international   ③ modern   ④ casual

2 Congratulations! You've won tickets to the Baseball Fan Meeting Event in our annual ABC Fan Club Contest! To claim your tickets, please ⬜19⬜ to this email within 72 hours with your first and last name, address, and phone number. We will send you the tickets within three business days.

① call   ② talk   ③ reply   ④ belong

3 Some people like to use electronic books, or e-books, because they don't have to carry heavy paper books. Also, they can get e-books at a cheaper price because they don't have to pay for the printing and shipping costs. These are some of the ⬜20⬜ which make e-books so popular.

① hopes   ② reasons   ③ requests   ④ worries

6 次の表，グラフ及び英文を読み，1から3の質問の答えとして最も適当なものを，それぞれ ①～④のうちから一つずつ選びなさい。解答番号は 21 ～ 23 。

Restaurant options

Name	Food	Set menu price	Distance from station
Chen's Kitchen	Chinese	¥1,500	600 m
Toscana	Italian	¥3,000	150 m
Hanami	Japanese	¥3,500	1,500 m
Le Papillon	French	¥4,000	70 m

Popularity of each restaurant

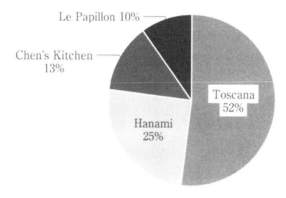

Satoru is a student at Mitsuba High School. He and his classmates will graduate from high school next month. He is planning to organize a graduation party with his classmates before they go off to different colleges or start working. He collected basic information about restaurants in the area, such as the types of food, prices, and the distance between the restaurant and the closest station to their school. Then, he made a survey. He asked each of his classmates to choose one restaurant and write down why they chose that restaurant.

The survey results were different from what he had expected. Satoru thought that Le Papillon would be the most popular choice since it is located very close to the station and his classmates can celebrate their graduation by eating at a fancy restaurant. However, more than half of them chose Toscana because they thought the price is not too expensive and it is not too far from the station. Chen's Kitchen is reasonably priced, but some students thought the restaurant was too casual. Hanami was the second most popular choice. Some students wrote that they really like the food there. Others wrote that they thought Japanese food would be suitable for graduation.

Once Satoru finished analyzing the results of his survey, he shared them with his classmates and told everyone that their graduation party would take place at Toscana. The students in his class were happy with the decision and told Satoru that they were looking forward to the graduation party. A group of students volunteered to help Satoru plan the party. They have only three weeks left until they graduate from high school. Satoru and his classmates hope that they can make as many good memories as possible during the rest of their time together.

1 According to the table and the pie chart, which of the following is true?

① Chen's Kitchen is an Italian restaurant.

② Hanami is the most popular restaurant.

③ Le Papillon is the closest restaurant to the station.

④ Toscana is the cheapest of the four restaurants.

| 21 |

2 According to the passage, which of the following is true?

① Satoru planned a birthday party for his classmates.

② Satoru thought Hanami would be the most popular choice.

③ Most of Satoru's classmates thought Chen's Kitchen was too formal.

④ Most students chose Toscana because of the location and the price.

| 22 |

3 According to the passage, which of the following is true?

① Satoru decided to have the party at Hanami.

② Some students offered to help Satoru plan the party.

③ There are two more weeks before Satoru and his classmates graduate.

④ Satoru asked his classmates to analyze the results of his survey.

| 23 |

7 次の英文を読み，1から4の ☐ 内に入れるのに最も適当なものを，それぞれ①～④のうちから一つずつ選びなさい。解答番号は ☐24☐ ～ ☐27☐ 。

Kumi is a sixteen-year-old high school student in Kyoto. Last year, she studied abroad in the US. This is her speech for English class about what she learned in the US.

Hi, everyone. Today, I'd like to talk about my American host mother, Jutta. I want to introduce her to you because I like her way of life very much. She is very good at finding small moments of happiness in her everyday life.

Jutta is 65 years old and lives alone in a small town in California. She started hosting exchange students a few years ago after she retired and she has welcomed many young foreign students. Last year, I stayed with her for one year.

Every day, she got up early and prepared a delicious breakfast for me. She loves gardening, so we usually had fresh fruits and vegetables from her garden. She always looked so happy when we ate together. Jutta often said, "I love breakfast. It's my favorite meal." On the weekends after breakfast, we often took a walk together through the town. There was a big park with a beautiful lake near her house. We would walk through the park and she would always tell me about the different plants and animals living there. She often said that the park was her favorite place. When we passed through the town, she would tell me about the history of the stores and buildings and always stopped to talk with the shopkeepers. She always laughed so much when she talked with them. She often said, "I love the people in this town. They're my favorite."

Before I started living with Jutta, I thought I needed to have something special or exciting in my life in order to be happy. But now, thanks to her, I realized that I don't need these things. What I need is to fully enjoy each moment and share my happiness with the people around me.

I learned a lot from living abroad for a year. I am now better at speaking English and have many new friends in the US. Above all, the most important thing was that I learned a new way to enjoy life from my friend, Jutta.

令和3年度第1回試験

1 Kumi's speech is about her experiences with ⬚24⬚

① her American classmates.

② her English teacher.

③ her parents.

④ her host mother.

2 Jutta is ⬚25⬚

① a retired woman.

② a student from the US.

③ a shopkeeper.

④ a professional athlete.

3 Kumi and Jutta ⬚26⬚

① visited a famous garden.

② went camping in a park.

③ owned a shop together.

④ enjoyed breakfast together.

4 The most important thing that Kumi learned was how to ⬚27⬚

① be a good speaker of English.

② find happiness in her life.

③ grow vegetables and fruits.

④ live by herself in a foreign country.

令和３年度　第１回

解答・解説

【重要度の表記】

Ａ：重要度が高く確実に正答したい設問。しっかり
　　復習する必要のある問題です。

Ｂ：重要度はＡレベルよりすこし下で、やや難易度
　　が高い設問または内容を読み取る設問。高得点
　　を狙う人は復習しましょう！

Ｃ：重要度が低い、または難解な設問。軽く復習す
　　る程度でよいでしょう！

令和３年度　第１回　高卒認定試験

【　解　答　】

1	解答番号	正答	配点	2	解答番号	正答	配点	3	解答番号	正答	配点	4	解答番号	正答	配点
問1	1	③	4	問1	4	③	4	問1	9	①	4	問1	15	④	4
問2	2	④	4	問2	5	①	4		10	⑤		問2	16	①	4
問3	3	③	4	問3	6	④	4	問2	11	①	4	問3	17	③	4
-	-	-		問4	7	③	4		12	③		-	-	-	
-	-	-		問5	8	②	4	問3	13	④	4	-	-	-	
-	-	-							14	③		-	-	-	

5	解答番号	正答	配点	6	解答番号	正答	配点	7	解答番号	正答	配点
問1	18	①	4	問1	21	③	4	問1	24	④	5
問2	19	③	4	問2	22	④	4	問2	25	①	5
問3	20	②	4	問3	23	②	4	問3	26	④	5
-	-	-		-	-	-		問4	27	②	5
-	-	-		-	-	-		-	-	-	

【　解　説　】

1

問1　ＡさんがＢさんに「映画を見ることは好きですか？」と尋ねます。Ｂさんは「はい、好きです」と答えます。それを聞いたＡさんは「どのような種類の映画が好きですか？」と尋ねます。それに対してＢさんは「アクション映画が好きです」と答えています。

　　下線部の前文でＢさんは好きな映画の種類を聞かれているため、Ｂさんは「アクション（映画）」を強調したいはずですので、正解は③ action となります。

解答番号【1】：③　　　⇒　重要度Ａ

　　kind of ～：～の種類

問2　ＡさんがＢさんに「どうしたのですか？」と尋ねます。Ｂさんは「メアリーと連絡をとる必要があるのですが、メアリーの電話番号が見つからないのです」と答えます。それを聞いたＡさんは「代わりにメアリーの妹に電話してみたらどうでしょう」と言います。それに対してＢさんは「そうか、メアリーの妹の電話番号はわかります。ありがとうございます」と答えています。

　　メアリーの電話番号が見つからないというＢさんに対して、Ａさんは下線部を含む文でメアリーの妹のほうに電話をしたらどうかと助言しています。Ａさんは「（メアリーの）妹」を強調したいはずですので、正解は④ sister となります。

解答番号【2】：④　　⇒ 重要度A

　　What's the matter (with you)？：どうしたの？

問3　Aさんが「わあ！　彼女はギターをとても上手に弾きますね」と言います。BさんはAさんに「ええ、彼女は実に才能があります。あなたは何か楽器を弾きますか？」と尋ねます。Aさんは「いいえ、でも学校の合唱団で歌を歌っています」と答えます。それに対してBさんは「それは素晴らしいですね！」と言っています。

　　下線部の前文で何か楽器を弾くかと尋ねられたAさんは、楽器は弾かないが「歌を歌う」ことを強調したいはずですので、正解は③ sing となります。

解答番号【3】：③　　⇒ 重要度A

　　musical instrument：楽器

[2]

問1　駅での対話です。AさんがBさんに「ああ、あとすこしというところで電車を逃してしまいました」と言います。Bさんは「心配しないで大丈夫です。【問題箇所】」と答えます。それを聞いたAさんは「どうしてそれがわかるのですか？」と尋ねます。それに対してBさんは「あそこで電車の時刻表を見ることができますよ」と答えています。

　　Bさんは会話の最後で、向こうに電車の時刻表があると言っていて、これがヒントになります。【問題箇所】の後で、AさんはBさんに「どうしてそれがわかるのですか？」と聞いています。ここで何がわかるのかを考えると、③ The next one is in five minutes.（次の電車は5分後に来ます）が正解だとわかります。

解答番号【4】：③　　⇒ 重要度A

　　in 時間：（時間）後　e.g. in two hours（2時間後）

問2　レストランでの対話です。AさんがBさんに「すみません。コーヒーをもらえますか？」と言います。Bさんは「かしこまりました。ほかに何かご注文はございますか？」と尋ねます。それを聞いたAさんは「【問題箇所】」と言います。それに対してBさんは「はい、すぐにお持ちします」と答えています。

　　ここでBさんが何を持ってくるのかを考えると、① Can I get the dessert menu?（デザートのメニューをもらえますか？）が正解だとわかります。

解答番号【5】：①　　⇒ 重要度A

　　right now：すぐに、直ちに

問3　家での対話です。AさんがBさんに「宿題はもう終わりましたか？」と尋ねます。Bさんは「夕食の後に宿題をするよ、お母さん」と答えます。それを聞いたAさんは「いいえ、【問題箇所】」と言います。それに対してBさんは「わかった。今、宿題をするよ」と答えています。

　　はじめは夕食の後に宿題をすると答えたBさんですが、Aさんに「いいえ、【問題箇所】」と言われた後には、今から宿題をすると考えが変わっています。これらのやり取りから、④ You should finish it before dinner.（あなたは夕食の前に宿題を終わらせるべきです）が正解だとわかります。

解答番号【6】：④　　⇒ 重要度A

問4　オフィスでの対話です。AさんがBさんに「タケシさん、どうしたのですか？」と尋ねます。Bさんは「プリンターの調子が悪いのです」と答えます。それを聞いたAさんは「それはおかしいですね。【問題箇所】」と言います。それに対してBさんは「ええと、まだ直っていないのですね」と答えています。

　　　プリンターの調子が悪いと聞いたAさんはおかしいと感じています。その理由を考えてみると、③ We just fixed it yesterday.（私たちはちょうど昨日プリンターを直したところです）が正解だとわかります。

　　解答番号【7】：③　　⇒ **重要度B**

　　　　fix：直す、修理する

問5　電話での対話です。AさんがBさんに「もしもし、タナカミクと申します。タムラさんとお話できますでしょうか？」と言います。Bさんは「すみませんが、【問題箇所】」と答えます。それを聞いたAさんは「わかりました。私に折り返し電話をもらえるようタムラさんに伝えていただけますか？」と言います。それに対してBさんは「承知しました。お電話番号をおうかがいしてもよろしいでしょうか？」と答えています。

　　　タムラさんと話をするために電話をかけてきたAさんに対して、Bさんは「すみませんが」と言っています。ここからタムラさんが不在だと推測できます。したがって、② he is out of town until next week.（彼は来週まで町を出ています）が正解となります。

　　解答番号【8】：②　　⇒ **重要度A**

　　　　tell 人 to 動詞の原形：人に〜するように言う

3

問1　設問の英文は「笑顔は異文化の人々をつなげてくれる万人に共通の言語だと言われています。誰かが微笑んでいるのを目にしたら、【問題箇所】」となっています。ヒントは③ likely です。この likely を見たら、be likely to 動詞の原形（〜しそうである、たぶん〜するであろう）というかたちを疑ってみてください。そのうえで選択肢を見てみると、① are と⑤ to があります。さらに選択肢の中から動詞の原形を探すと、④ smile が見つかります。これらを組み合わせると、完成文は you are likely to smile back.（あなたはたぶん微笑み返すことでしょう）になります。

　　解答番号【9】：①　解答番号【10】：⑤　　⇒ **重要度A**

問2　設問の英文は「ケンは海外に一度も行ったことがないのですが、彼はいつも外国に旅行したがっていました。ケンはついに夏休みの間オーストラリアを訪れることに決めました。今、ケンは【問題箇所】」となっています。ここでのポイントは① excited です。この excited を見たら、be excited about 〜（〜に興奮している、わくわくしている）というかたちを疑ってみてください。そのうえで選択肢を見てみると、④ is と⑤ about があります。これらを組み合わせると、完成文は Now, he is excited about seeing Kangaroos and Koalas.（今、ケンはカンガルーとコアラを見られることにわくわくしています）になります。

　　解答番号【11】：①　解答番号【12】：③　　⇒ **重要度A**

　　　　foreign：外国の

問3　設問の英文は「蜂の数が減ってきているため、ある企業がビルの屋根の上に蜂の巣を置き

始めました。そのプロジェクトははじめは難しいように思えました。しかしながら、多大な努力によって、【問題箇所】」となっています。ここでのポイントは④ able です。この able を見たら、be able to 動詞の原形（〜することができる）というかたちを疑ってみてください。そのうえで選択肢を見てみると、⑤ were と② to があります。さらに選択肢の中から動詞の原形を探すと、③ make が見つかります。これらを組み合わせると、完成文は With a lot of effort, however, they were able to make the project successful.（しかしながら、多大な努力によって、彼らはそのプロジェクトを成功させることができました）になります。

解答番号【13】：④　解答番号【14】：③　⇒ 重要度A

　　make O（目的語）C（補語）：O を C の状態にする

4

問1　ヒントは3文目の I ordered the red shoes, but I received blue ones.（私は赤い靴を注文したのですが、青い靴を受け取りました）にあります。続いて4文目に I would like to exchange these blue shoes for red ones.（この青い靴を赤い靴に交換したいのですが）とありますので、④「購入した商品の交換を依頼する」が正解だとわかります。

解答番号【15】：④　⇒ 重要度A

　　would like to 動詞の原形：〜したいのですが

問2　この英文の1文目に Next month, our school will host twenty Australian students from our sister school for two weeks.（来月、私たちの学校は姉妹校からの20名のオーストラリアの生徒たちを2週間受け入れます）とありますので、①「短期留学生の受け入れを知らせる」が正解だとわかります。

解答番号【16】：①　⇒ 重要度A

問3　ヒントは1文目と2文目の The 15th Green City Marathon will be held on Sunday, October 20th. To ensure the safety of all runners, roads in the downtown area will be closed from 9 a.m. to 3 p.m.（第15回緑市マラソンは10月20日の日曜日に開催されます。すべてのランナーの安全を確保するために、市街地の道路は午前9時から午後3時まで通行止めとなります）にあります。ここから③「道路の通行止めを知らせる」が正解だとわかります。

解答番号【17】：③　⇒ 重要度A

5

問1　設問の英文は「どの国にもそれぞれ特別な行事に応じた特有の衣服があります。『ハンボク』というのは日本の着物に似た韓国の【問題箇所】服の一種です。韓国の人たちは、お祭りや式典やお祝いの席でハンボクを着ます。過去にはハンボクの色やデザインが年齢や社会的地位を示していました」とあります。この問題では、【問題箇所】の後に similar to the kimono in Japan（日本の着物に似た）とありますので、① traditional（伝統的な）が正解だとわかります。それ以外の選択肢は消去法で消すことができるかと思います。

解答番号【18】：①　⇒ 重要度B

　　modern：現代的な

問2　設問の英文は「おめでとうございます！　あなたは年に一度のABCファンクラブコンテストの野球ファンミーティングイベントのチケットが当選しました！　チケットを受け取るには、あなたのお名前、ご住所、お電話番号をご記入のうえ、72時間以内にこのメールに【問題箇所】してください。私たちは3営業日以内にあなたにチケットをお送りします」とあります。したがって、正解は③reply（返信する）となります。それ以外の選択肢は消去法で消すことができるかと思います。

解答番号【19】：③　　⇒重要度A

問3　設問の英文は「重たい紙の本を持ち運ぶ必要がないので、電子書籍（e-book）を好んで使う人がいます。また、印刷コストや送料を支払う必要がないので、より安い価格で電子書籍を入手することができます。これらのことが、電子書籍をとてもポピュラーなものとした、いくつかの【問題箇所】です」とあります。したがって、②reason（理由）が正解となります。それ以外は消去法で消すことができるかと思います。

解答番号【20】：②　　⇒重要度B

　　don't have to 動詞の原形：〜する必要がない

6

問1　設問文：この表と円グラフによると、次の選択肢のうちのどれが正しいですか？　【21】
　　①「Chen's Kitchenはイタリアンレストランです」とありますが、表のFood（料理）の列を見るとChen's KitchenはChineseとあるため、①は不正解となります。②「Hanamiは最も人気のレストランです」とありますが、円グラフを見るとToscanaが最も人気であることがわかりますので、②は不正解となります。③「Le Papillonは駅に一番近いレストランです」とあります。表のDistance from station（駅からの距離）の列を見るとLe Papillonが一番近いことがわかりますので、③は正解となります。④「Toscanaは4つのレストランのうちで一番安いです」とありますが、こちらも表のSet menu price（セットメニューの価格）の列からChen's Kitchenが一番リーズナブルだとわかりますので、④は不正解となります。

解答番号【21】：③　　⇒重要度A

問2　設問文：この英文によると、次の選択肢のうちのどれが正しいですか？　【22】
　　①「サトルはクラスメイトたちのために誕生日会を計画しました」とありますが、1段落3文目にHe is planning to organize a graduation party with his classmates（彼はクラスメイトたちとの卒業パーティーを開催することを計画しているところです）とあるので、①は不正解となります。②「サトルはHanamiが一番人気の選択肢であろうと考えていました」とありますが、こちらは2段落2文目にSatoru thought that Le Papillon would be the most popular choice（サトルはLe Papillonが一番人気の選択肢であろうと考えていました）とありますので、②は不正解となります。③「サトルのクラスメイトたちのうちの大半がChen's Kitchenはフォーマル過ぎると思いました」とありますが、2段落4文目にChen's Kitchen is reasonably priced, but some students thought the restaurant was too casual.（Chen's Kitchenは手頃な値段ではありますが、Chen's Kitchenはカジュアル過ぎると考える生徒たちもいました）とありますので、③は不正解となります。④「その場所と値段から、大半の生徒はToscanaを選びました」とあります。2段落3文目にHowever, more

than half of them chose Toscana because they thought the price is not too expensive and it is not too far from the station.（しかしながら、彼らのうちの半数以上の人が、値段が高過ぎることもなく駅から離れ過ぎてもいないので、Toscana を選びました）とありますので、④が正解となります。

解答番号【22】：④　　⇒ **重要度B**

問3　設問文：この英文によると、次の選択肢のうちのどれが正しいですか？　【23】
　　①「サトルは Hanami でパーティーを開くことを決めました」とありますが、3段落1文目に Once Satoru finished analyzing the results of his survey, he shared them with his classmates and told everyone that their graduation party would take place at Toscana.（サトルは調査結果の分析を終えるとすぐに、クラスメイトたちにその結果を共有して、卒業パーティーは Toscana で開催することを皆に伝えました）とありますので、①は不正解となります。②「サトルがパーティーの計画を立てる手伝いをしようかと申し出る生徒たちもいました」とあります。こちらは3段落3文目にある A group of students volunteered to help Satoru plan the party.（生徒たちのあるグループは自ら進んでサトルがパーティーの計画を立てる手伝いをしました）と合致しますので、②は正解となります。③「サトルとクラスメイトたちが卒業するまであと2週間あります」とありますが、3段落4文目に They have only three weeks left until they graduate from high school.（彼らには高校を卒業するまであと3週間しか残されていません）とありますので、③は不正解となります。④「サトルはクラスメイトたちに調査結果を分析してくれるよう頼みました」とありますが、本文にそのような記述はありませんので、④は不正解となります。

解答番号【23】：②　　⇒ **重要度B**

【全文訳】
　サトルはミツバ高校の生徒です。サトルとクラスメイトたちは来月高校を卒業します。それぞれの大学に進学したり、あるいは就職したりする前に、サトルはクラスメイトたちとの卒業パーティーを開催することを計画しているところです。サトルはその地域のレストランについての基本的な情報を収集しました。たとえば、料理の種類や値段、レストランと学校の最寄り駅との距離といったことです。次にサトルは調査を実施しました。クラスメイト一人ひとりに、レストランをひとつ選んでもらい、なぜそのレストランを選んだのかも書いてもらえるようお願いしました。

　調査結果はサトルが期待していたものとは異なっていました。サトルは、駅にとても近い場所にあって、クラスメイトたちは高級なレストランで食事をして自分たちの卒業を祝えることから、Le Papillon が最も人気のある選択肢であろうと考えていました。しかしながら、彼らのうちの半数以上の人が、値段も高過ぎることもなく駅からも離れ過ぎてもいないことを理由に、Toscana を選んだのです。Chen's Kitchen は手頃な値段ではありますが、カジュアル過ぎると考える生徒たちもいました。Hanami は二番目に人気のレストランでした。Hanami の料理が大好きだと書く生徒たちもいれば、卒業に際しては日本料理がふさわしいと思うと書く生徒たちもいました。

　サトルは調査結果の分析を終えるとすぐに、クラスメイトたちに結果をシェアして、卒業パーティーは Toscana で開催することを皆に伝えました。サトルのクラスの生徒たちは、その決定に喜び、卒業パーティーを楽しみにしているとサトルに言いました。生徒たちのあるグループは自ら進んでサトルがパーティーの計画を立てる手伝いをしました。サトルたち

には高校を卒業するまであと３週間しか残されていません。サトルとクラスメイトたちは、いっしょにいられる残りの時間の中で、できるだけ多くの良い思い出を作れることを願っています。

7

問１　設問文：クミのスピーチは【24】との経験についてです。

①「クミのアメリカのクラスメイトたち」とありますが、本文にそのような記述はありませんので、①は不正解となります。②「クミの英語の先生」とありますが、こちらも本文にそのような記述はありませんので、②は不正解となります。③「クミの両親」とありますが、こちらも本文にそのような記述はありませんので、③は不正解となります。④「クミのホストマザー」とありますが、こちらは１段落２文目に I'd like to talk about my American host mother, Jutta.（私のアメリカのホストマザーであるジュッタについてお話したいと思います）とありますので、④が正解となります。

解答番号【24】：④　⇒ 重要度A

問２　設問文：ジュッタは【25】です。

①「退職した女性」とありますが、こちらは２段落２文目に She started hosting exchange students a few years ago after she retired and she has welcomed many young foreign students.（ジュッタは退職した後、数年前から交換留学生の受け入れを始め、外国の若い生徒たちをたくさん温かく迎え入れています）とありますので、①が正解となります。②「アメリカ出身の生徒」とありますが、こちらは本文にそのような記述はありませんので、②は不正解となります。③「店主」とありますが、こちらも本文にそのような記述ありませんので、③は不正解となります。④「プロのアスリート」とありますが、本文にそのような記述はありませんので、④は不正解となります。

解答番号【25】：①　⇒ 重要度A

問３　設問文：クミとジュッタは【26】。

①「有名な庭園を訪れました」とありますが、本文に park（公園）に行く箇所はありますが、garden（庭園）ではないので、①は不正解となります。②「公園にキャンプに行きました」とありますが、本文にそのような記述はありませんので、②は不正解となります。③「いっしょにお店を持ちました」とありますが、こちらも本文にそのような記述はありませんので、③は不正解となります。④「いっしょに朝食を楽しみました」とありますが、こちらは３段落１文目から３文目にかけて Every day, she got up early and prepared a delicious breakfast for me. She loves gardening, so we usually had fresh fruits and vegetables from her garden. She always looked so happy when we ate together.（毎日、ジュッタは早く起き、私のために美味しい朝食を準備してくれました。ジュッタはガーデニングが好きなので、私たちはたいていジュッタの庭で採れた新鮮なフルーツや野菜を食べていました。いっしょに食事をしているとき、ジュッタはいつも幸せそうに見えました）とありますので、④が正解となります。

解答番号【26】：④　⇒ 重要度B

問４　設問文：クミが学んだ最も大切なことは、【27】方法でした。

①「英語を上手に話す人になる」となっていますが、本文にそのような記述はありませんので、①は不正解となります。②「自分の人生において幸せを見つける」とありますが、こちらは5段落3文目に Above all, the most important thing was that I learned a new way to enjoy life from my friend, Jutta.（とりわけ、最も重要なことは私の友人であるジュッタから人生を楽しむ新たな方法を学んだことです）とありますので、②が正解となります。③「野菜やフルーツを育てる」とありますが、本文にそのような記述はありませんので、③は不正解となります。④「外国で一人暮らしをする」とありますが、こちらは本文全体を通して、ジュッタというホストマザーとの話をしているので、④は不正解となります。

解答番号【27】：②　　⇒ **重要度A**

【全文訳】

> クミは京都の16歳の高校生です。昨年、クミはアメリカに留学をしました。以下の英文はクミがアメリカで学んだことについての英語のクラスでのスピーチです。

こんにちは、皆さん。本日は、私のアメリカのホストマザーであるジュッタについてお話したいと思います。皆さんにジュッタのことを紹介したいと思うのですが、それは私が彼女の生き方をとても気に入っているからです。彼女は日々の生活の中で小さな幸せの一瞬一瞬を見つけるのが非常に得意なのです。

ジュッタは65歳で、カリフォルニアの小さな町に一人で住んでいます。彼女は退職した後、数年前から交換留学生の受け入れを始め、外国の若い生徒たちをたくさん温かく迎え入れています。昨年、私は1年間彼女のもとに滞在しました。

毎日、ジュッタは早く起きて、私のために美味しい朝食を準備してくれました。彼女はガーデニングが好きなので、私たちはたいてい彼女の庭で採れた新鮮なフルーツや野菜を食べていました。いっしょに食事をしているとき、ジュッタはいつも幸せそうに見えました。ジュッタはよくこう言っていました、「私は朝食が大好きでね。朝食は私のお気に入りの食事の時間なの」と。週末の朝食後には、私たちはいっしょに町のあちこちをよく散歩しました。彼女の家の近くには美しい湖のある大きな公園がありました。その公園の中を歩いては、ジュッタがそこに生息するさまざまな植物や動物についていつも私に教えてくれたものでした。彼女はしばしばこの公園がお気に入りの場所なのだと言っていました。町を通り過ぎるときには、お店やその建物の歴史について私によく話してくれたものでしたし、いつも足を止めて店主たちとおしゃべりをしていました。彼らと話すときにはいつもたくさん笑っていました。ジュッタはよくこう言っていました、「私はこの町の人たちが大好きでね。彼らは私のお気に入りなの」と。

ジュッタといっしょに暮らし始めるまでは、幸せになるためには人生の中で何か特別なことか何かわくわくさせてくれるようなことがなければならないと考えていました。しかし今、彼女のおかげで、そのようなものは必要ではないことに気が付きました。私に必要なのは、一瞬一瞬を十分に楽しんで、私の周りの人たちと私が得た幸福を共有することなのです。

私は1年間の海外生活から多くのことを学びました。今、私は英語を話すことが以前よりも上手になり、アメリカに新しい友達がたくさんできました。とりわけ、最も重要なことは私の友人であるジュッタから人生を楽しむ新たな方法を学んだことです。

令和２年度 第２回
高卒認定試験

英　語

解答時間　50分

英　　　語

$$\left(\text{解答番号}\ \boxed{1}\ \sim\ \boxed{27}\right)$$

1 次の 1 から 3 までの対話において，下線を引いた語の中で最も強く発音されるものを，それぞれ ①～④のうちから一つずつ選びなさい。解答番号は $\boxed{1}$ ～ $\boxed{3}$ 。

1　A：Are you coming to my concert, Linda?

　　B：Definitely. It's next weekend, right?

　　A：Yes, at 3 p.m. on Sunday.

　　B：Sunday? I thought it would be on Saturday.
　　　　　　　　　　　　　　①　　②③　　④

$\boxed{1}$

2　A：Did you go to the new Italian restaurant?

　　B：Yes, last week.

　　A：How was it?

　　B：Really bad. I will never go there again.
　　　　　　　　　①②　　③　　④

$\boxed{2}$

3　A：I think I left my phone in your car. Did you find it?

　　B：Well, it wasn't on the seat.

　　A：It must be in your car. I can't find it anywhere else.

　　B：OK, I'll take a look under the seat then.
　　　　　　　　　　　　　　①　　②　　③　　④

$\boxed{3}$

2　次の１から５までの対話文の ⬚ 内に入れるのに最も適当なものを，それぞれ①〜④のうちから一つずつ選びなさい。解答番号は 4 ～ 8 。

1　(At school)

A : I'm so glad the exam is over!

B : ⬚ 4 ⬚

A : Terrible. I don't want to think about it.

B : OK. Let's study more next time.

① What did you study?　　　② How did you do?

③ When did it happen?　　　④ Where did you go?

2　(At a restaurant)

A : Would you like something for dessert?

B : Yes, I'll have some ice cream, please.

A : ⬚ 5 ⬚

B : Chocolate, please.

① Where would you like to eat?　　　② When would you like it?

③ What flavor would you like?　　　④ How many would you like?

3　(On the phone at a hotel)

A : This is the front desk. How can I help you?

B : The hot water isn't working in the shower.

A : Could you wait for just a moment, sir? ⬚ 6 ⬚

B : Thank you.

① Someone will be there soon.　　　② It's very nice of you to say so.

③ You need to reserve a seat.　　　④ I'd like to book a room for tonight.

4　(In the living room)

　A : Do you want some tea or coffee, Kate?

　B : Tea sounds nice.

　A : How do you want it?

　B :　| 7 |

　① 　With milk and sugar.　　　② 　That's fine with me.

　③ 　I prefer coffee.　　　　　 ④ 　I'll bring another one.

5　(At a shop)

　A : Hello, I'm looking for a laptop computer.

　B : What features do you want?

　A : I travel a lot, so I　| 8 |

　B : Well, this model is easy to carry.

　① 　need to buy a ticket.　　 ② 　want a light one.

　③ 　need to slow down.　　　 ④ 　want a colorful one.

3 次の1から3の各英文がまとまりのある文章になるようにそれぞれ①～⑤の語を並べかえたとき，2番目と4番目に入るものを選びなさい。解答番号は 9 ～ 14 。

1　My sister is going to live by herself after she graduates from high school, but she can't cook well.　My mother is now teaching her _____ 9 _____ 10 _____ her favorite dishes.

  ① of　　　　　　　　② prepare　　　　　　③ some

  ④ to　　　　　　　　⑤ how

2　There are many benefits of outdoor learning for children.　Today, however, children spend too much time sitting in classrooms or playing video games at home.　This is why teachers are trying to encourage _____ 11 _____ 12 _____ more.

  ① students　　　　　② to　　　　　　　　③ their

  ④ outside　　　　　⑤ go

3　Last weekend, I went to a piano concert.　The pianist played so beautifully.　I was moved to tears.　It was the _____ 13 _____ 14 _____ seen.

  ① best　　　　　　　② I　　　　　　　　③ have

  ④ ever　　　　　　　⑤ performance

4 次の1から3の各メッセージの送り手が意図したものとして最も適当なものを，それぞれ ①～④のうちから一つずつ選びなさい。解答番号は | 15 | ～ | 17 | 。

1　Thank you for your email. I will be out of the office from Wednesday, November 14 through Tuesday, November 20. During this time, I will not have access to my email. I will reply to your email when I return. I apologize for any inconvenience this may cause.

　① 電子メールの書き方を説明する。　② 会社の営業時間を伝える。
　③ 閉店の日時を案内する。　④ 返信の遅れについて知らせる。

| 15 |

2　Join us for the Westville High School Brass Band's winter concert! We will hold the concert at the Westville Community Center on December 15 at 6 p.m. Come and celebrate the holidays with us while enjoying live music. For more information, click HERE to visit our website.

　① 休暇中の滞在先を伝える。　② 吹奏楽部への加入を勧める。
　③ 演奏会の開催を案内する。　④ ウェブサイトの閉鎖を知らせる。

| 16 |

3　Do you want to learn a new language? Then now is the time to sign up for our 12-week summer Chinese program. You will be studying in groups of seven to ten students and taught by friendly instructors. Sign up today!

　① 講座の宣伝をする。　② 会議の開催を知らせる。
　③ ボランティアの募集をする。　④ キャンプの企画を説明する。

| 17 |

5 次の１から３の各英文の 内に入れるのに最も適当なものを，それぞれ①〜④のうちから一つずつ選びなさい。解答番号は 18 〜 20 。

1 When I was a high school student, I was a volunteer at the After School Activity Center. We helped children with their homework and played games with them. It was sometimes 18 for me when they didn't listen, but fortunately other experienced volunteers were there to help me.

① interesting ② important ③ fun ④ hard

2 Nowadays, we can see artificial blue light everywhere, from TVs and computers to smartphones. Some experts say that blue light makes it difficult for us to sleep at night. 19 , it is recommended that we stop looking at our digital devices two to three hours before sleeping.

① Therefore ② Finally ③ Similarly ④ However

3 Ian moved to a big house last month and he is planning to invite his friends for dinner. He wants to show them his nice rooms and garden. 20 inviting them, he wants to spend some time decorating his house to make it more beautiful.

① Thanks to ② Before ③ Without ④ Instead of

6　次のグラフと英文を読み，1から3の質問の答えとして最も適当なものを，それぞれ①〜④の
うちから一つずつ選びなさい。解答番号は　21　〜　23　。

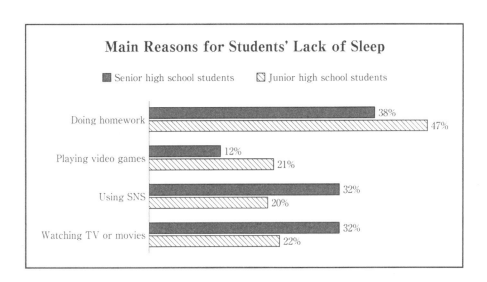

Last year, we conducted a survey of the lifestyle habits of our students at Minami Gakuen Junior and Senior High School. We found that 52% of our students lacked sleep. Because of this, our school conducted a different survey this year to find out why our students lack sleep.

This survey was given to all junior high and senior high students in the school. The graph above shows the results of the survey. In both groups, the most common reason for their lack of sleep was doing homework.

From this data, our school made several changes to help students go to sleep earlier. We decreased the amount of homework given to students. Our school also gave parents the results of the survey this time, so parents could make better decisions about how to help their children go to sleep earlier. For example, some parents have decided to collect their children's electronic devices at night. They keep a basket in the living room where all family members, even parents, put their smartphones and video game devices.

Keeping a regular sleeping schedule will help students learn better, feel less anxiety, and have more energy. At Minami Gakuen, we plan to conduct these lifestyle surveys every year in order to help our students perform their best, in and outside of school.

1　According to the graph, which of the following was the biggest reason for lack of sleep for both groups?

① Doing homework.

② Playing video games.

③ Using SNS.

④ Watching TV or movies.

21

2　According to the passage, which of the following is true?

① Minami Gakuen is an elementary school.

② Minami Gakuen conducted a survey of parents' eating habits.

③ More than half of the students at Minami Gakuen lacked sleep.

④ The survey was given to only senior high school students.

22

3　According to the passage, what did the school do to help students sleep earlier?

① It gave students more homework than before.

② It showed the survey results to the parents.

③ It bought each family an alarm clock.

④ It created a new morning exercise program.

23

7 次の英文を読み，１から４の ☐ 内に入れるのに最も適当なものを，それぞれ①〜④のうちから一つずつ選びなさい。解答番号は ☐ 24 ☐ 〜 ☐ 27 ☐ 。

> This is an article Anna wrote for the study abroad newsletter at her university.

I studied abroad in England when I was a third-year university student. I had dreamed about living in the beautiful British countryside since elementary school. I read many famous British novels in Japanese. I watched movies filmed in the British countryside. In my English classes, even though my teacher was from the US, I tried to speak in British English.

I studied abroad in Cornwall, an area that is known for its blue beaches. At first, I was so excited because I met many new friends and explored charming castles and beaches. However, around October, I started to feel homesick. I really missed my parents. I got sick of the food in the dining hall. My classes were becoming more difficult. For two weeks, I just went to classes, then came straight back to my dorm room. I didn't talk to my friends. I felt so depressed.

One day, while I was studying for English class, I came across a quote by the American poet, Maya Angelou. She wrote, "If you don't like something, change it. If you can't change it, change your attitude." These words really moved me. In order to enjoy my study abroad experience, I realized that I had to change my environment and if I couldn't do that, then I had to change my way of thinking.

That night, I asked Yeon-woo, my exchange student friend from Korea, to have dinner together. I told her about my situation and she said that she had been feeling the same way. We both comforted each other and decided we should try something new. The next day, I went to the university student center and found a part-time job in the international exchange center to help other exchange students. Then, I started to volunteer with friends at a community center on the weekends. I also joined a folk dance class.

Gradually, I became positive and started to enjoy myself again. I was so busy with all my studies, work, and activities that my sad thoughts and feelings disappeared. Studying abroad in England taught me so many things, but the most important lesson was how to overcome negative feelings. "If you don't like something, change it. If you can't change it, change your attitude."

1 The writer, Anna, studied abroad in England because she 24

① wanted to live in the British countryside.

② admired the high fashion in England.

③ loved swimming and surfing in the sea.

④ liked to make and eat British food.

2 In October, Anna 25

① got a high fever.

② stopped going to classes.

③ started to feel depressed.

④ lost her backpack.

3 After she talked with Yeon-woo, Anna 26

① decided to go back to Japan.

② got a part-time job at the university.

③ visited Yeon-woo's family in Korea.

④ joined a hip-hop dance team.

4 Studying in England taught Anna 27

① that students should not study abroad.

② that friends are not important.

③ how to speak American English.

④ how to overcome her negative feelings.

令和２年度　第２回

解答・解説

📖 令和2年度　第2回　高卒認定試験

【 解 答 】

1	解答番号	正答	配点	2	解答番号	正答	配点	3	解答番号	正答	配点	4	解答番号	正答	配点
問1	1	④	4	問1	4	②	4	問1	9	④	4	問1	15	④	4
問2	2	③	4	問2	5	③	4		10	③		問2	16	③	4
問3	3	①	4	問3	6	①	4	問2	11	①	4	問3	17	①	4
-	-			問4	7	①	4		12	⑤		-	-		
-	-			問5	8	②	4	問3	13	⑤	4	-	-		
-	-			-	-				14	③		-	-		

5	解答番号	正答	配点	6	解答番号	正答	配点	7	解答番号	正答	配点
問1	18	④	4	問1	21	①	4	問1	24	①	5
問2	19	①	4	問2	22	③	4	問2	25	③	5
問3	20	②	4	問3	23	②	4	問3	26	②	5
-	-			-	-			問4	27	④	5
-	-			-	-			-	-		

【 解 説 】

1

問1　Aさんが「あなたは私のコンサートに来ますか？リンダ？」とBさんに尋ねます。それに対してBさんは「もちろんです。来週末ですよね？」と答えます。それに対してAさんは「はい。日曜日の午後3時です。」と答えます。それを聞いたBさんは「日曜日ですか？私は土曜日だと思っていました。」と答えています。Aさんのコンサートが日曜日だと聞いて、土曜日だと思っていたBさんは、「土曜日」を強調したいので、正解は選択肢④ Saturday となります。

解答番号【1】：④　　⇒ 重要度A

definitely：明確に、はっきりと、確実に

問2　AさんがBさんに「新しいイタリアンレストランに行きましたか？」と尋ねます。それに対してBさんは「はい。先週行きました。」と答えます。それを聞いたAさんは「どうでしたか？」と尋ねます。それに対してBさんは「本当に最悪でした。あそこには二度と行きません。」と答えています。新しいイタリアンレストランに行った感想を聞かれたBさんは Really bad（最悪）と言っています。ですので、強い否定の never を強調したいので、正解は選択肢③ never になります。

解答番号【2】：③　　⇒ 重要度A

問3 　Ａさんが「あなたの車に私の携帯電話を忘れたかと思います。見ましたか？」とＢさん
に尋ねます。それに対してＢさんは「えぇーっと、それは席の上にはありませんでした。」
と答えます。それを聞いたＡさんは「あなたの車の中にあるに違いありません。そこ以外
見つけられません。」と言います。それを聞いたＢさんは「わかりました。それでは、席の
下を見てみます。」と答えます。Ｂさんの車の中にＡさんの携帯電話が必ずあると言われた
Ａさんは、車の席の「上」にはなかったことを確認していたので、今度は席の「下」を見て
みることを強調したいので、正解は① under になります。

解答番号【3】：① 　⇒ **重要度Ａ**

2

問1 　学校での会話です。Ａさんが「試験が終わってとても嬉しいです！」と言います。それを
聞いたＢさんがＡさんに「【問題箇所】」と尋ねます。それに対してＡさんは「酷かったです。
考えたくもありません。」と答えます。それを聞いたＢさんは「わかりました。次回はもっ
と勉強しましょう。」と言っています。この流れを見てわかる通り、ＢさんはＡさんに試験
がどうだったかを聞いていることが予想出来ます。全ての選択肢の「疑問詞」に着目してみ
てください。① What（何）② How（どう）③ When（いつ）④ Where（どこ）ここを見
るだけでも、正解は選択肢② How did you do?（どうでしたか？）だとわかります。その他
の選択肢は消去法で消すことが出来るかと思います。

解答番号【4】：② 　⇒ **重要度Ａ**

問2 　レストランでの会話です。ＡさんがＢさんに「デザートに何かいかがでしょうか？」と
尋ねます。それに対してＢさんは「はい。アイスクリームをお願いします。」と答えます。
それに対してＡさんは「【問題箇所】」とＢさんに尋ねます。それを聞いたＡさんは「チョ
コレートをお願いします。」と答えます。アイスクリームをお願いしたＢさんにＡさんは何
かを尋ね、Ｂさんがチョコレートと答えています。ここから、Ａさんはアイスクリームの
味を尋ねていることが予想出来ます。したがって、正解は選択肢③ What flavor would you
like?（どの味がよろしいでしょうか？）が正解となります。

解答番号【5】：③ 　⇒ **重要度Ｂ**
　　flavor：味

問3 　ホテルの電話での会話です。Ａさんは「こちらフロントです。いかがされましたでしょう
か？」と言います。それに対してＢさんは「シャワーのお湯が出ません。」と言います。そ
れに対してＡさんは「少しだけお待ちください。【問題箇所】」と言います。それを聞いた
Ｂさんは「ありがとうございます。」と答えています。シャワーの故障を聞いたフロントの
Ａさんが取る行動を考えると、選択肢① Someone will be there soon.（すぐに誰かをそちら
に向かわせます。）が正解だとわかります。その他の選択肢は消去法で消すことが出来るか
と思います。

解答番号【6】：① 　⇒ **重要度Ｂ**

問4 　リビングでの会話です。Ａさんが「紅茶かコーヒーかいりますか、ケイト？」とＢさん
に尋ねます。それに対してＢさんは「紅茶がいいですかね。」と答えます。それに対してＡ
さんは「どのようにそれを欲しいですか？」と尋ねます。それを聞いたＢさんは「【問題箇

所）」と答えています。Bさんは紅茶をどのように欲しいかを尋ねられているので、選択肢① With milk and sugar.（ミルクと砂糖で。）が正解となります。その他の選択肢は消去法で消すことが出来るかと思います。

解答番号【7】：①　　⇒ 重要度A
　　prefer：好む

問5　お店での会話です。Aさんは「こんにちは。ノートパソコンを探しています。」とBさんに言います。それに対してBさんは「どのような機能が必要でしょうか？」とAさんに尋ねます。それを聞いたAさんは「私はたくさん旅行をします。だから【問題箇所】」と言います。それを聞いたBさんは「えぇーっと、こちらのモデルは持ち運びが簡単です。」と答えています。旅行をたくさんするAさんは軽いノートパソコンを探していることを予想出来ますので、選択肢② want a light one.（軽いのがいいです。）が正解になります。

解答番号【8】：②　　⇒ 重要度B
　　look for ～：～を探す

3

問1　文章は「私の妹は高校を卒業後一人で暮らす予定ですが、彼女はうまく料理をすることが出来ません。私の母は今彼女に彼女のお気に入りの料理を【問題箇所】」となっています。ヒントは選択肢⑤ how と④ to です。how と to を見たら、how to ＋動詞の原形（～する方法）を疑ってみてください。選択肢の中から動詞の原形を探してみると、② prepare（～を準備する）が見つかります。こちらを繋げると、「how to prepare（準備する方法）」が出来ます。次に何を準備するかですが、【問題箇所】直後に her favorite dishes（彼女のお気に入りの料理）とあります。こちらをうまく繋げると、完成文は「My mother is now teaching her how to prepare some of her favorite dishes.（私の母は今彼女に彼女のお気に入りの料理のいくつかの準備する方法を教えています。）」となります。

解答番号【9】：④　【10】：③　　　⇒ 重要度A
　　how to 動詞の原形：～する方法、～の仕方

問2　文章は「子供たちにとってアウトドアを学ぶことの利点は多くあります。しかしながら、今日、子供たちは教室の中で座っている時間や家でゲームをすることに多くの時間を費やしています。このような理由で、先生たちはもっと【問題箇所】を奨励しようとしています。」となっています。ここでは、【問題箇所】の直前の encourage（～を奨励する）に注目します。encourage 人 ＋ to 動詞の原形（人に～するのを奨励する）を疑ってみてください。まずは選択肢の中から人にあたるものを探すと、選択肢① students が見つかります。誰の students（生徒たち）かというと先生たちの生徒たちですので、their students がまとまります。これらを全て繋げると、完成文は「This is why teachers are trying to encourage their students to go outside more.（このような理由で、先生たちは生徒たちにもっと外に行くように奨励しようとしています。）」になります。

解答番号【11】：①　解答番号【12】：⑤　　　⇒ 重要度A
　　try to 動詞の原形：～しようとする

問3　文章は「先週、私はピアノのコンサートに行きました。そのピアニストはとても美しく演

奏をしていました。私は感動して涙を流してしまいました。それは【問題箇所】でした。」となっています。ここでは、先週に行ったピアノのコンサートがとても素晴らしかったことが文章前半でわかります。その上で選択肢を見ると最上級の① best があります。【問題箇所】直前には the があります。最上級 the best が繋げられるかと思います。さらに何が the best なのかを考えると、⑤ performance を選ぶことが出来るかと思います。これらを繋げると、完成文は「It was the best performance I have ever seen.（それは私が今まで見た中で一番のパフォーマンスでした。）」となります。

解答番号【13】：⑤　解答番号【14】：③　　⇒ 重要度A

4

問1　まずは1文目「Thank you for your email.（メールを頂きありがとうございます。）」でメールというキーワードを押さえてください。次にヒントは2文目「I will be out of the office from Wednesday, November 14 through Tuesday, November 20.（私は11月14日の水曜日から11月20日の火曜日までオフィスを不在とします。）」とあります。続いて「During this time, I will not have access to my email. I will reply to your email when I return.（この間、私はメールにアクセスしません。戻ってからあなたのメールに返信致します。）」とあります。従って、正解は選択肢④「返信の遅れについて知らせる。」になります。

解答番号【15】：④　　⇒ 重要度A
apologize：謝る、謝罪する

問2　ヒントは1文目と2文目「Join us for Westville High School Brass Band's winter concert!（ウェストビル高校ブラスバンドの冬のコンサートにご参加ください。）」「We will hold the concert at the Westville Community Center on December 15 at 6 p.m.（私たちは、12月15日午後6時にウェストビルコミュニティセンターでコンサートを開催致します。）」となっています。こちらの2文で、選択肢③「演奏会の開催を案内する。」が正解だとわかります。

解答番号【16】：③　　⇒ 重要度A
hold：開催する、開く

問3　ヒントは1文目と2文目「Do you want to learn a new language?（あなたは新しい言語を学びたいですか？）」「Then now is the time to sign up for our 12-week summer Chinese program.（それなら、今が12週間の夏の中国語プログラムを始める時です。）」とあります。この2文で、選択肢①「講座の宣伝をする。」が正解だとわかります。

解答番号【17】：①　　⇒ 重要度A

5

問1　問題文は「私が高校生だった時、アフタースクールアクティビティセンターでボランティアをしていました。子供たちの宿題を手伝ったり、彼らとゲームをして遊んだりしていました。彼らが言うことを聞かなかった時、私にとってそれは時々【問題箇所】でしたが、幸運なことに経験豊かなボランティア員が私を助けてくれました。」となっています。子供たちが言うことを聞かなかったことが私にとって何なのかを考えると、選択肢④ hard（ハード・

大変）が正解だとわかります。それ以外の選択肢は消去法で消せるかと思います。

解答番号【18】：④　　⇒ 重要度Ａ

　　fortunately：幸運なことに

問２　問題文は「近頃、私たちはテレビやコンピューターからスマートフォンまで、あらゆる場所で人工の青い光を見ることが出来ます。一部の専門家は青い光が私たちが夜寝ることを難しくさせていると言っています。【問題箇所】、寝る２、３時間前には私たちのデジタル機器を見るのを止めるよう推奨されています。」となっています。【問題箇所】前で一部の専門家が電子機器の青い光が眠りの妨げになりうることを指摘していることに触れています。そして【問題箇所】後では、寝る２、３時間前にデジタル機器を見ないようにと言っています。ここを繋げるには① Therefore（したがって）が正解となります。その他の選択肢は消去法で消すことが出来るかと思います。

解答番号【19】：①　　⇒ 重要度Ｂ

問３　問題文は「イアンは先月大きな家に引っ越し、彼の友達を夕食に招待することを計画しています。彼は素敵な部屋や庭を友達たちに見せたいのです。彼らを招待する【問題箇所】、彼は彼の家をより良く見せるため、彼の家をデコレートする時間を持ちたいのです。」となっています。自分の家をより良くするためにデコレートするのは、友達を招待する「前」ですので、正解は選択肢② Before になります。

問題番号【20】：②　　⇒ 重要度Ｂ

6

問１　「グラフによると、次の内、両方のグループにとって寝不足の一番の理由はどれですか？【21】」

この問題では、グラフを見てみると高校生のグループも中学生のグループもどちらも Doing homework のグラフが長いことが一目でわかります。また本文中でも２段落３文目に「In both groups, the most common reason for their lack of sleep was doing homework.（両方のグループにおいて、彼らの最も共通する寝不足の理由は宿題をするためでした。）」とありますので、① Doing homework が正解になります。

解答番号【21】：①

問２　「文章によると、次のどれが正しいですか？【22】」

①「南学園は小学校です。」とありますが、１段落１文目に「Minami Gakuen Junior and Senior High School.（南学園中学・高校生）」とあり、小学校（elementary school）の記述はないので不正解です。②「Minami Gakuen conducted a survey of parents eating habits.（南学園は両親の食生活の調査を行いました。）」とありますが、こちらも１段落１文目に「Last year, we conducted a survey of the lifestyle habits of our students at Minami Gakuen Junior and Senior High School.（昨年、私たちは、南学園中学・高校生の生活習慣の調査を行いました。）」とあり、調査を行った対象は生徒であり両親ではなく、調査内容も食生活ではなく生活習慣についてですので、②は不正解になります。③「南学園の生徒の半数以上は寝不足でした。」となっています。こちらは１段落２文目に「We found that 52% of our students lacked sleep.（私たちは生徒の52%が寝不足だとわかりました。）」と

あり、内容と合致しますので、③は正解となります。④「調査は中学生にだけ実施されました。)」とありますが、こちらも1段落1文目に「Minami Gakuen Junior and Senior High School.（南学園中学・高校生）」とありますので④は不正解となります。

解答番号【22】：③ ⇒ 重要度A

問3 「文章によると、学校は生徒たちが早く寝る助けをするために何をしましたか？【23】」
①「前よりも多くの宿題を生徒たちに与えました。」とありますが、3段落2文目「We decreased the amount of homework given to students.（私たちは生徒への宿題の量を減らしました。）」とありますので、①は不正解です。次に②「調査結果を生徒たちの両親に見せました。」とあります。こちらは3段落3文目に「Our school also gave parents the results of the survey this time, so parents could make better decisions about how to help their children go to sleep earlier.（自分の子供がどのようにしたら早く寝るかを考えるように、私たちの学校は親たちにも今回の調査結果を見せました。）とあり、内容と合致しますので、②は正解となります。③「学校はそれぞれの家庭に目覚まし時計を購入しました。)」とありますが、本文にそのような記述はありませんので③は不正解です。④「新しい朝のエクササイズプログラムを作りました。」とありますが、こちらも本文にそのような記述はありませんので不正解となります。

解答番号【23】：② ⇒ 重要度B

【全文訳】
　昨年、私たちは、南学園中学・高校生の生活習慣の調査を行いました。私たちは生徒の52％が寝不足だとわかりました。このため、私たちの学校はなぜ生徒たちが寝不足なのかを探る異なった調査を今年行いました。
　この調査は学校の全ての中学生と高校生全員に行われました。グラフは調査の結果を示しています。両方のグループにおいて、彼らの最も共通する寝不足の理由は宿題をするためでした。
　このデータから、私たちの学校は生徒たちが早く寝るようにいくつかの変化を加えました。私たちは生徒への宿題の量を減らしました。自分の子供がどのようにしたら早く寝るかを考えるように、私たちの学校は、親たちにも今回の調査結果を見せました。例えば、一部の親は夜に子供の電子機器を集めることを決めました。彼らは家族全員がいる居間にバスケットを置き、親でさえスマートフォンやゲーム機をその中に入れます。
　規則正しい眠りを保つことが彼らのより良い学習を助け、不安を抑え、より多くのエネルギーを与えることでしょう。南学園では、生徒たちの学校の内外における彼らのパフォーマンスを保つ助けをするため、これらの生活調査を毎年行うことを計画しています。

7

問1 「著者のアンナはイギリスに留学をしました。なぜなら彼女は【24】」
選択肢①は「イギリスの田舎で暮らしたかったので」とありますが、こちらは1段落2文目「I had dreamed about living in the beautiful British countryside since elementary school.（私は小学校の頃から美しいイギリスの田園地帯で暮らすことを夢見てきました。）」とあり、こちらの内容と合致しますので、①が正解となります。②「イギリスのハイファッションにあこがれていたから。」とありますが、本文にそのような記述はありませんので、②は不正解

となります。③「海での泳ぎやサーフィンが好きだったから。」とありますが、こちらも本文にそのような記述はありませんので、③は不正解となります。④「イギリスフードを作って食べたかったから。」とありますが、こちらも本文にそのような記述はありませんので、④は不正解となります。

解答番号【24】：①　⇒ **重要度A**

問2　「10月、アンナは【25】」

選択肢①は「高熱にかかった」とありますが、本文にそのような記述はありませんので、①は不正解です。②「授業に行くことをやめました。」とありますが、こちらは2段落7文目「For two weeks, I just went to classes, then came straight back to my dorm room.（2週間、私はただ授業に出て、真っすぐ寮に戻る生活でした」とありますので、②は不正解となります。③「落ち込みを感じ始めました。）」とありますが、こちらは2段落3文目「However, around October, I started to feel homesick.（しかしながら、10月あたりになると私はホームシックになり始めました。）」という内容と合致しますので、③は正解となります。④「彼女のバックパックをなくしました。」とありますが、本文にこのような記述はありませんので、④は不正解となります。

解答番号【25】：③　⇒ **重要度B**

問3　「ヨンウと話したあと、アンナは【26】」

①「日本に帰ることを決めました。」とありますが、本文にそのような記述はありませんので、①は不正解となります。②「大学でアルバイトの仕事を見つけました。」とありますが、こちらは4段落4文目「The next day, I went to the university student center and found a part-time job in the international exchange center to help other exchange students.（その次の日、私は大学の学生センターに行き、他の留学生を助けるためのインターナショナル留学センターのアルバイトを見つけました。）」と合致しますので、②は正解となります。③「韓国のヨンウの家族を訪れました。」とありますが、本文にそのような記述はありませんので、③は不正解です。④「ヒップホップダンスチームに参加しました。」とありますが、4段落最後「I also joined a folk dance class（私はフォークダンスクラスにも参加しました。）」ありますので、④は不正解です。

解答番号【26】：②　⇒ **重要度B**

問4　「イギリスでの学びはアンナに【27】を教えてくれました。」

選択肢①「学生は留学をするべきではないということ」とありますが、本文にこのような記述はありませんので、①は不正解となります。②「友達は重要ではないということ」とありますが、こちらも本文にそのような記述はありませんので、②は不正解です。③「アメリカ英語の話し方」とありますが、こちらはイギリス英語を学ぶためにイギリスに行ったという本文の内容と異なるので、③は不正解となります。④「ネガティブな感情の乗り越え方」とありますが、こちらは5段落3文目最後「but the most important lesson was how to overcome negative feelings.（最も重要な教訓はネガティブな感情の乗り越え方でした。）」と合致しますので、④が正解となります。

解答番号【27】：④　⇒ **重要度A**

【全文訳】

〔これはアンナが彼女の大学で留学ニュースレターのために書いた記事です。〕

　私は大学3年生の時イギリスで留学をしました。私は小学校の頃から美しいイギリスの田園地帯で暮らすことを夢見てきました。英語のクラスでは、私の先生はアメリカ出身だったけれども、私はイギリス英語で話そうとしました。

　私は青いビーチとして知られている場所のコーンウォール州で留学をしました。最初私は、たくさんの新しい友達と出会ったり、魅惑的なお城やビーチを探索したりしていたのでとても興奮していました。しかしながら、10月あたりになると私はホームシックになり始めました。私は本当に両親に会いたくなりました。食堂の食事もいやになってしまいましたし、授業も難しくなってきていました。2週間、私はただ授業に出て、真っすぐ寮に戻る生活でした。友達とも話しませんでした。私はとても落ち込んでいました。

　ある日、私が英語のクラスで勉強していた間、マヤ・アンジェロウというアメリカの詩人の言葉に出くわしました。彼女は"もしあなたが何かを好まないなら、それを変えてみてください。もしあなたがそれを変えられないなら、あなたの態度を変えてみてください。"と書きました。これらの言葉はとても彼女を感動させました。この留学の経験を楽しむためには、私は自分の環境を変えなくてはならなくて、もしそれができないなら、自分の考え方を変えなくてはならないということに気付きました。

　その夜、私は韓国からの交換留学生の友達のヨンウを夕食に誘いました。私は彼女に自分の状況を話したら、彼女は彼女も同じように感じていたと話してくれました。私たちはお互いを慰めあって、何か新しいことを始めるべきだと決めました。その次の日、私は大学の学生センターに行き、他の留学生を助けるためのインターナショナル留学センターのアルバイトを見つけました。　それで私は、その週末にコミュニティセンターで友達たちと一緒にボランティアを始めました。私はフォークダンスクラスに参加しました。

　徐々に私はポジティブになり、再び楽しく過ごせるようになり始めました。私は、勉強や仕事、アクティビティなどがあまりに忙しくて、悲しい思いや気持ちが消えてしまいました。イギリスでの留学は私にたくさんのことを教えてくれましたが、最も重要な教訓はネガティブな感情の乗り越え方でした。"もしあなたが何かを好まないなら、それを変えてみてください。もしあなたがそれを変えられないなら、あなたの態度を変えてみてください。"

令和2年度 第1回
高卒認定試験

英　語

解答時間　50分

英　語

$$\left(\text{解答番号}\ \boxed{1}\ \sim\ \boxed{27}\ \right)$$

1 次の1から3までの対話において，下線を引いた語の中で最も強く発音されるものを，それぞれ ①～④のうちから一つずつ選びなさい。解答番号は $\boxed{1}$ ～ $\boxed{3}$ 。

1　A : Thank you for inviting me to the musical today.

　　B : Have you ever been to a musical before?

　　A : No, this <u>is</u> <u>my</u> <u>first</u> <u>time</u>.
　　　　　　 ①　　 ②　　 ③　　 ④

　　B : Oh, I see.　Well, I hope you like it.

$\boxed{1}$

2　A : Let's begin the rehearsal.

　　B : Should I stand in front of the piano?

　　A : If you stand there, some people in the audience won't be able to see the pianist.

　　B : OK, then how <u>about</u> <u>beside</u> <u>the</u> <u>piano</u>?
　　　　　　　　　　　 ①　　　 ②　　 ③　　 ④

$\boxed{2}$

3　A : You look nice in that sweater.

　　B : Oh, really?　Thank you so much.

　　A : Where did you buy it?

　　B : Actually, <u>it</u> <u>was</u> <u>a</u> <u>gift</u>.
　　　　　　　　 ①　②　③④

$\boxed{3}$

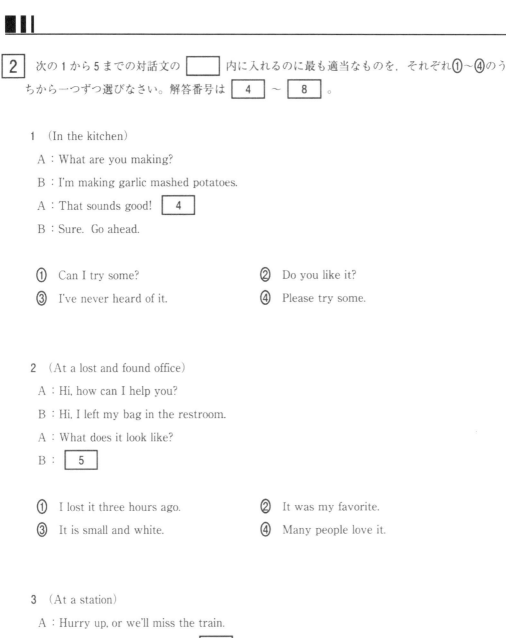

2 次の1から5までの対話文の □ 内に入れるのに最も適当なものを，それぞれ①〜④のうちから一つずつ選びなさい。解答番号は 4 〜 8 。

1 （In the kitchen）

A : What are you making?

B : I'm making garlic mashed potatoes.

A : That sounds good! 4

B : Sure. Go ahead.

① Can I try some?　　② Do you like it?

③ I've never heard of it.　　④ Please try some.

2 （At a lost and found office）

A : Hi, how can I help you?

B : Hi, I left my bag in the restroom.

A : What does it look like?

B : 5

① I lost it three hours ago.　　② It was my favorite.

③ It is small and white.　　④ Many people love it.

3 （At a station）

A : Hurry up, or we'll miss the train.

B : But the station staff said it 6

A : Really? For how long?

B : About 20 minutes.

① has been delayed.　　② has been canceled.

③ is very crowded.　　④ is leaving soon.

4　(At a party)

A : Sophia, these cupcakes are really good!

B : Thank you. Do you want another one?

A : Yes, please. Did it take long to make them?

B : I didn't make them.　| 7 |

①　I wanted to buy them.　　②　My sister bought them.

③　I had to eat them all.　　④　My brother really loved them.

5　(At a hotel front desk)

A : I have a reservation under the name of Tanaka.

B : Yes. Ms. Tanaka, you will be staying here for two nights, correct?

A : Actually,　| 8 |

B : OK. I will change your reservation to make it three nights.

①　I'd like to add one more night.　　②　could you cancel my reservation?

③　I'd like to leave late at night.　　④　could you confirm the dates?

令和２年度第１回試験

3 次の１から３の各英文がまとまりのある文章になるようにそれぞれ①〜⑤の語（句）を並べかえたとき．２番目と４番目に入るものを選びなさい。解答番号は 9 〜 14 。

1 I have a friend named Yoko who loves reading. One day I asked _____ 9 _____ 10 _____ reads a month. She said she reads about ten books a month on average. Isn't that amazing?

① many   ② her   ③ how
④ books   ⑤ she

2 Takahiro visited an amusement park with his friends yesterday. Unfortunately, it was raining all day, so they _____ 11 _____ 12 _____ in a café. However, they still enjoyed the day together.

① of   ② spend   ③ the time
④ had to   ⑤ most

3 Technology today is very _____ 13 _____ 14 _____ ago. For example, we did not have Wi-Fi Internet or smartphones. What will technology be like in the future?

① from   ② 30   ③ technology
④ different   ⑤ years

4 次の1から3の各メッセージの送り手が意図したものとして最も適当なものを，それぞれ①～④のうちから一つずつ選びなさい。解答番号は　15　～　17　。

1　The parking area will be closed for repairs from May 20 to June 8.　During that time, please park your bicycle at the east side of the school building.　Thank you for your cooperation.

① 宿題の提出期限を知らせる。　　② 学校の場所を案内する。

③ 駐輪する場所の変更を伝える。　④ 自転車の買い替えを勧める。

15

2　If you want to enjoy tasty green tea, do not use boiling water.　Boiling water will make the tea bitter and weaken the tea's good smell.　Instead, wait until the hot water cools down before pouring it into the teapot.

① 緑茶の成分を説明する。　　　② 緑茶の種類を説明する。

③ 緑茶の産地を紹介する。　　　④ 緑茶の入れ方を紹介する。

16

3　People have enjoyed sand bathing for hundreds of years.　Some people believe sand baths are good for the skin and can even cure illnesses.　They say that sand baths are much more effective than regular hot spring baths.

① 砂風呂の場所を説明する。　　② 砂風呂の効能を説明する。

③ 砂風呂の入り方を説明する。　④ 砂風呂の料金を説明する。

17

5 次の1から3の各英文の ☐ 内に入れるのに最も適当なものを，それぞれ①～④のうちか ら一つずつ選びなさい。解答番号は 18 ～ 20 。

1 Dogs' sense of smell can be very 18 . For example, the police often use dogs to find drugs in airports. Also, scientists are researching whether dogs can smell illnesses such as cancer.

① boring   ② useful   ③ terrible   ④ slow

2 Some eco-friendly hotels give a special discount for staying for more than two nights without changing towels and sheets. Guests like this offer not only because it saves 19 but also because it helps the environment.

① lives   ② food   ③ money   ④ time

3 Last month, I visited my friend in Okinawa. I really enjoyed staying with her family. 20 we did exciting things such as scuba diving, I had the most fun just talking with them.

① If   ② Although   ③ Because   ④ Once

6 次の２つの表と英文を読み，１から３の質問の答えとして最も適当なものを，それぞれ①〜④のうちから一つずつ選びなさい。解答番号は □21□ 〜 □23□ 。

THEATER MAX

Screen	Title	Running time	Start time		
1	Peter's Way Home	98 min.	10:00	13:00	16:00
2	The Christmas Dreamer	135 min.	10:30	14:00	18:40
3	Mr. Whiteman	105 min.	11:00	15:30	19:00

WEST CINEMA

Screen	Title	Running time	Start time		
A	Moon Crash	100 min.	10:00	12:30	18:00
B	The Christmas Dreamer	135 min.	10:15	14:30	17:45
C	Peter's Way Home	98 min.	11:00	14:00	16:45
D	Happy, Happy!!	75 min.	11:30	13:30	15:30

You might prefer to watch movies at home on TV or online, but I strongly recommend you visit a movie theater this winter. There are so many great new movies to watch! Here are some popular new movies.

The first movie you should check out is *Peter's Way Home*. A dog travels 300 miles alone to look for his owner. The dog has many problems on his journey, but his animal friends help him. If you like animals, you will love this movie.

Happy, Happy!! is also a wonderful story. This is an animation that has won many awards. The movie is about the friendship between a boy named Bob and his robot. I am sure that you will want a robot friend after watching this movie.

The Christmas Dreamer and *Moon Crash* are good choices for people who want to escape from reality. In *The Christmas Dreamer*, the main character experiences time travel in his dreams. *Moon Crash* is a science fiction movie about a female astronaut. She has some problems caused by the AI on her spaceship. The scenes in outer space are so beautiful. You will also want to go to outer space.

In *Mr. Whiteman*, the main character is a ghost hunter trying to destroy ghosts that are living in an old house in a forest. If you are a fan of horror movies, you will like *Mr. Whiteman*.

You can watch these movies at Theater Max or West Cinema. Let's go out and enjoy the movies!

1 According to the tables. which of the following is true?

① *The Christmas Dreamer* is the shortest movie.

② *Moon Crash* is being shown in Theater Max.

③ West Cinema has more screens than Theater Max.

④ *Peter's Way Home* starts the earliest at West Cinema.

21

2 According to the passage. which of the following is true?

① *Peter's Way Home* is a movie about a boy and his family.

② If you love sports, you will like *Peter's Way Home*.

③ If you watch *Happy, Happy!!*, you can get a free drink.

④ *Happy, Happy!!* is an animation about a boy and a robot.

22

3 According to the passage. which of the following is true?

① In *The Christmas Dreamer*, a dog travels 300 miles alone.

② You can see beautiful scenes of outer space in *Moon Crash*.

③ *The Christmas Dreamer* and *Moon Crash* are documentary movies.

④ *Mr. Whiteman* is a comedy movie about a farmer.

23

7 次の英文を読み，1から4の ☐ 内に入れるのに最も適当なものを，それぞれ①〜④のうちから一つずつ選びなさい。解答番号は ☐24 〜 ☐27 。

> This is a blog post by Keiko, a famous travel writer.

"What a small world!" This is a common expression we use when we come across someone we know unexpectedly, but for me this often happens, especially when I travel.

One time I visited Beijing, China, for sightseeing with a friend of mine. That was my first visit to China, and I was so excited because everything was new to me. On the third day, we went to a famous Chinese palace. When we got to the gate of the palace, two familiar faces in the crowd caught my eyes. They were in a tour group from Japan. I recognized them instantly. They were my seniors in college! We were all in the same hiking club at that time. I waved at them. At first, they looked puzzled, but soon they recognized me and waved back at me. We were all so surprised to meet again in China after 15 years. Such a small world! We talked excitedly for a while until they had to go back to their tour group.

Another "small world" experience happened on an island called Yakushima in Kagoshima, Japan, far away from where I live. It was my first time traveling alone. When I arrived at the hotel, I saw a woman who was reading a book and having tea in the lobby. Another familiar face! She was a classmate from my junior high school. We had not seen each other since graduation. We were very surprised to see each other. "What are you doing here?" we both said at the same time. I learned she was also traveling alone. We hiked around the island and enjoyed the hot springs together for a few days.

I am not sure if these experiences are just coincidence or not. Maybe it is simply because I travel a lot compared to other people. Anyway, I am looking forward to having more "small world" experiences. They make me feel that this world is full of surprises and wonders that we simply cannot explain.

1 The writer, Keiko, [24]

① studies how she can make this world small.

② wonders how people used to travel in the past.

③ always makes plans to meet her friends when traveling.

④ often happens to meet someone she knows when traveling.

2 In Beijing, Keiko [25]

① got bored at everything she saw.

② lost her wallet at the palace.

③ met her seniors from her college days.

④ talked to a Chinese tour guide.

3 The woman in the lobby at the hotel in Yakushima was [26]

① one of Keiko's junior high school classmates.

② someone Keiko met for the first time.

③ the mother of Keiko's junior high school friend.

④ Keiko's tea ceremony teacher in high school.

4 These "small world" experiences make Keiko feel that [27]

① her friends travel more than she does.

② her friends don't like traveling.

③ the world isn't interesting.

④ the world is full of surprises and wonders.

令和2年度　第1回

解答・解説

📖 **令和２年度　第１回　高卒認定試験**

【 解 答 】

1	解答番号	正答	配点	2	解答番号	正答	配点	3	解答番号	正答	配点	4	解答番号	正答	配点
問1	1	③	4	問1	4	①	4	問1	9	③	4	問1	15	③	4
問2	2	②	4	問2	5	③	4		10	④		問2	16	④	4
問3	3	④	4	問3	6	①	4	問2	11	②	4	問3	17	②	4
-	-			問4	7	②	4		12	①		-	-		
-	-			問5	8	①	4	問3	13	①	4	-	-		
-	-			-	-				14	②		-	-		

5	解答番号	正答	配点	6	解答番号	正答	配点	7	解答番号	正答	配点
問1	18	②	4	問1	21	③	4	問1	24	④	5
問2	19	③	4	問2	22	④	4	問2	25	③	5
問3	20	②	4	問3	23	②	4	問3	26	①	5
-	-			-	-			問4	27	④	5
-	-			-	-			-	-		

【 解 説 】

1

問1　ＡさんがＢさんに「今日のミュージカルに私を招待してくれてありがとうございます。」
と言います。それに対してＢさんは「ミュージカルに以前に行ったことはありますか？」
とＡさんに尋ねます。それに対してＡさんは「いいえ、これが初めてです。」と答えます。
それに対してＢさんは、「おお、なるほど。えぇーっと、それでは楽しめるといいですね。」
と答えています。問題箇所の前にＢさんはＡさんに、ミュージカルに以前に行ったことが
あるかを聞いています。それに対してＡさんは、「初めて」を強調したいので、③の first
が正解になります。

解答番号【1】：③　⇒ 重要度Ａ

　　have been to ～：～に行ったことがある

問2　ＡさんはＢさんに「リハーサルを始めましょう。」と言います。それに対してＢさんは
「ピアノの前に私は立つべきですか？」と尋ねます。それに対してＡさんは「もしあなたが
そこに立つなら、聴衆の何人かはピアニストを見ることが出来ないでしょう。」と答えます。
それを聞いてＢさんは「オッケー、それでは、ピアノの横というのはどうでしょうか？」
と言います。リハーサルで自分がピアノの前に立つべきか尋ねたＢさんに、Ａさんは前に
立つとお客さんがピアニストを見ることが出来なくなることを指摘しています。ですので、
Ｂさんはピアノの「前」ではなく、「横」ということを強調したいので、②の beside（横）

が正解になります。

解答番号【2】：②　　⇒ 重要度A

in front of 〜？：〜の前

問3　AさんはBさんに「そのセーター良く似合っているね。」と言います。それに対してBさんは「おお、本当？ありがとう。」と答えます。それを聞いてAさんは「それをどこで買ったの？」と尋ねます。それに対してBさんは、「実は、贈り物なんだ。」と答えます。どこでセーターを買ったかを聞かれたBさんは、買ったものではなく、もらったものだとAさんに伝えたいので、正解は④ gift になります。

解答番号【3】：④　　⇒ 重要度B

2

問1　キッチンでの会話です。Aさんは「何を作っているんですか？」とBさんに尋ねます。それに対してBさんは「私はガーリックマッシュポテトを作っているんですよ。」と答えます。それに対してAさんは「いいね！【問題箇所】」と言います。それを聞いたBさんは「もちろん。どうぞ。」と答えています。【問題箇所】の後で、Bさんは「もちろん。どうぞ。」と答えているので、その前にAさんはBさんに何かお願いしているのではないかと予想出来ます。そうすると、正解は選択肢① Can I try some？（少し食べてもいいですか？）になります。

解答番号【4】：①　　⇒ 重要度B

問2　遺失物取扱所での会話です。Aさんが「いかがされましたでしょうか？」と尋ねます。それに対して、Bさんは「トイレでバッグを失くしてしまいました。」と答えます。それを聞いたAさんは、「それはどのようなバッグですか？」と尋ねます。それに対してBさんは「【問題箇所】」と答えています。ここでBさんは、トイレで失くしたバッグがどんなバッグかを尋ねられています。ですので、バッグの特徴を言っている選択肢③ It is small and white.（それは小さくて白いです。）が正解になります。

解答番号【5】：③　　⇒ 重要度A

restroom：トイレ

問3　駅での会話です。Aさんが「急いで。さもないと私たちは電車に乗り遅れてしまいます。」と言います。それに対してBさんは「だけど、駅員が【問題箇所】と言っていましたよ」と答えます。それを聞いて、Aさんは「本当ですか？どれくらい？」と聞いていて、Bさんが「20分くらいです。」と答えています。これらのやり取りで、電車に乗り遅れると焦っていたAさんが、Bさんの【問題箇所】のセリフを聞いて、トーンダウンしていることがわかります。つまり、急がなくても良い理由を聞いたからだと予想出来ます。ですので、正解は、選択肢① has been delayed.（遅れています。）になります。

解答番号【6】：①　　⇒ 重要度A

delay：遅れる

問4　パーティーでの会話です。Aさんは「ソフィア、これらのカップケーキがすごくおいしいです！」とBさんに言います。それに対してBさんは「ありがとうございます。もう一つ

欲しいですか?」と尋ねます。それに対してAさんは「はい、お願いします。これらを作るのに長い時間が掛かりましたか?」とBさんに尋ねます。それに対してBさんは「私は作っていません。【問題箇所】」と答えています。Bさんがおいしいカップケーキを作ったものだと思っていたAさんは【問題箇所】の前で、カップケーキを作るのに長い時間が掛かったかをBさんに尋ねています。そして、Bさんは【問題箇所】直前に、「私は作っていません。」と言っています。この流れに続く選択肢としては、選択肢② My sister bought them.(私の姉(もしくは妹)が買ってきたんです。)になります。

解答番号【7】：②　⇒重要度A

問5　ホテルのフロントでの会話です。Aさんは「田中の名前で予約をしています。」とBさんに言います。それに対してBさんは、「はい。田中様。こちらに2泊滞在する予定でよろしいでしょうか?」とAさんに尋ねます。それに対してAさんは「実は、【問題箇所】」と答えます。それを聞いたBさんは「かしこまりました。それでは、ご予約を3泊にご変更致します。」と答えています。2泊の予約かを確認したBさんは、Aさんの「実は、【問題箇所】」というセリフを聞いて、3泊に予約を変更しています。ここから、選択肢① I'd like to add one more night.(もう1泊追加したいのですが)が正解とわかります。

解答番号【8】：①　⇒重要度A

reservation：予約

3

問1　文章は「私は読書が好きなヨウコという名前の友達がいます。ある日、私は1カ月に【問題箇所】かを尋ねました。彼女は大体1カ月で平均10冊の本を読むと言いました。それはすごいことではないでしょうか?」となっています。ヒントは、【問題箇所】の直前にI asked(私は尋ねた)があって、さらに【問題箇所】の後に、彼女は大体1カ月で平均10冊の本を読むと答えているところです。ここから、【問題箇所】で1カ月にどれくらいの本を読むのかを尋ねたことが予想出来ます。そうすると、「どれくらいの本」は「how many books」で塊りを作ることが出来るかと思います。さらに「彼女に」尋ねているので、I asked herとなります。最後に【問題箇所】は疑問文ではなく、I asked herの目的語になるので、完成文は「One day I asked her how many books she reads a month.(ある日、私は彼女に1カ月にどれくらいの本を読むのかを尋ねました。)」になります。

解答番号【9】：③　解答番号【10】：④　⇒重要度A

問2　文章は「タカヒロは昨日彼の友達と遊園地を訪れました。残念ながら、一日中雨だったので、彼らはカフェで【問題箇所】。しかしながら、彼らは一緒にその日を楽しみました。」となっています。ここでのポイントは【問題箇所】の前の「it was raining all day(一日中雨だった)」と【問題箇所】の後の「in a café(カフェで)」になります。さらに、選択肢を見ると、遊園地に行ったタカヒロと友達は雨のためカフェで時間を過ごさなくてはならなくなったと予想出来ます。選択肢④ had toはhave to(～しなければならない)の過去形です。had toに続く単語は、to不定詞の直後ですので、動詞の原形が入ります。選択肢の中で動詞の原形は選択肢② spend(費やす)ですので、「had to spend」という塊りが作れます。それから、「ほとんどの時間」というのを「most of the time」で作れます。これらを繋げると、完成文は「so they had to spend most of the time in a café.(だから彼らはほ

とんどの時間をカフェで過ごさなければなりませんでした。)」になります。

解答番号【11】：②　解答番号【12】：①　⇒ 重要度A

　　unfortunately：不幸なことに、残念なことに

問3　文章は「今日のテクノロジーはとても【問題箇所】です。例えば、Wi-Fi インターネットやスマートフォンなどを持っていませんでした。将来テクノロジーはどのようになっているでしょうか？」となっています。ここでは、「be different from ～（～と異なる）」を覚えて下さい。さらに選択肢を見ると、「30 years ago（30 年前）」という塊りを作れるかと思います。ここから、【問題箇所】前の「Technology today（今日のテクノロジー）」と「30 years ago（30 年前）のテクノロジーとの対比をしているのだと予想出来ます。従って、完成文は「Technology today is very different from technology 30 years ago.（今日のテクノロジーは 30 年前のテクノロジーとはとても異なります。）」になります。

解答番号【13】：①　解答番号【14】：②　⇒ 重要度B

　　For example：例えば

4

問1　ヒントは 1 文目「The parking area will be closed for repairs from May 20 to June 8.（駐車（輪）場の場所は 5 月 20 日から 6 月 8 日まで修繕のため閉鎖致します。）」とあります。続いて 2 文目に「please park your bicycle at the east side of the school building.（あなたの自転車を校舎の東側に駐輪して下さい。）」とありますので、選択肢③の「駐輪する場所の変更を伝える。」が正解になります。

解答番号【15】：③　⇒ 重要度A

　　repair ～：～を修理する、直す
　　during：～の間

問2　この問題は、1 文目「If you want to enjoy tasty green tea, do not use boiling water.（もしあなたが美味しい緑茶を楽しみたいなら、沸騰したお湯を使わないでください。）」で、選択肢④「緑茶の入れ方を紹介する。」が正解だとわかります。他の選択肢は消去法でも消すことが出来るかと思います。

解答番号【16】：④　⇒ 重要度B

　　instead：代わりに

問3　この問題では、まず選択肢全てに「砂風呂」とあることから「砂風呂」についての話だとわかります。次に「砂風呂」の何の話かについてですが、ヒントは 2 文目「Some people believe sand baths are good for the skin and can even cure illnesses.（人によっては砂風呂は肌に良く、病気を治すことができると信じています。）」とあります。ここから、選択肢②「砂風呂の効能を説明する。」が正解だとわかります。

解答番号【17】：②　⇒ 重要度A

　　cure ～：～を治す、治療する
　　effective：効果的

5

問1　問題文は「犬の嗅覚はとても【問題箇所】。例えば、警察は空港でドラッグを見つけるのに犬を使います。科学者もまた、犬が癌のような病気を嗅ぐことが出来るかどうかを研究しています。」となっています。この問題では、【問題箇所】の後で犬の嗅覚が警察や科学者を助けていることを述べています。したがって、選択肢② useful（役に立つ）が正解だとわかります。それ以外の選択肢は① boring（つまらない）、③ terrible（ひどい）、④ slow（遅い）とネガティブな選択肢ですので不正解となります。

解答番号【18】：②　⇒ 重要度B

　　research ～：～を研究する

問2　問題文は「一部の環境に優しいホテルでは、タオルやシーツを交換せずに2泊以上滞在する場合に特別割引が適用されます。それは【問題箇所】を節約するためだけではなく、環境にも良いので、お客はこのオファーを好みます。」とあります。ここでのキーワードは1文目にある eco（エコ）と special discount（特別割引）です。ここを抑えた上で、【問題箇所】の直前直後にある not only A but also B（A だけではなく B も）に着目してください。but also B の B の部分を見てみると、environment（環境）があります。そうすると、お客は「何」の節約のためだけではなく、環境をも助けるという理由でこのオファーを好むのかという問題になります。その上で選択肢を見ると選択肢③ money（お金）が正解だとわかります。

解答番号【19】：③　⇒ 重要度A

　　environment：環境
　　not only A but also B：A だけではなく B も

問3　問題文は「先月、私は沖縄の友達を訪れました。私は彼女の家族と一緒に滞在することを本当に楽しみました。私たちはスキューバーダイビングなどエキサイティングなことをしました【問題箇所】、彼らと話しているだけでとても楽しかったです。」とあります。スキューバーダイビングなどのエキサイティングなことをしたと述べた後に、the most fun（最も楽しい）という最上級の the most を使っています。この「彼らと話しているだけでとても楽しかったです。」に繋げるには、選択肢② Although（～だけれども）しかありません。それ以外は消去法で消すことが出来るかと思います。「私たちはスキューバーダイビングなどエキサイティングなことをしたけれども、彼らと話しているだけでとても楽しかったです。」

解答番号【20】：②　⇒ 重要度B

　　although：～だけれども

6

問1　「表によると、次のどれが正しいですか？【21】」
　　①「クリスマスの夢想家は最も短い映画です。」とありますが、表の Running time（上映時間）を見ると、最も短いのは"ハッピーハッピー"だとわかりますので、①は不正解となります。②「"月の衝突"はシアターマックスで上映されています。」とありますが、表を見ると"月の衝突"はウェストシネマで上映されていますので、②は不正解となります。③「ウェストシネマはシアターマックスよりも多くの映画を上映しています。」とありますが、こちらは、シアターマックスでは3本を上映しているのに対して、ウェストシネマでは4本の映画を

上映しているので、③は正解となります。④「"ピーターの帰り道"はウェストシネマでより早く上映を開始します。」とありますが、ウェストシネマの方が上映開始時間が遅いので、④は不正解となります。

解答番号【21】：③ ⇒ **重要度A**

問2 「文章によると、次のどれが正しいですか？【22】」
①「"ピーターの帰り道"は少年と彼の家族についての映画です。」とありますが、2段落1文目と2文目に「The first movie you should check out is Peter's Way Home. A dog travels 300 miles alone to look for his owner. (あなたがチェックすべき最初の映画は"ピーターの帰り道"です。ある犬が彼の飼い主を探すため、一人で300マイルも旅をします。)」とあるように犬の話なので、①は不正解となります。②「もしあなたがスポーツが好きなら、"ピーターの帰り道"を好きになるでしょう。」とありますが、こちらは2段落4文目「If you like animals, you will love this movie. (もしあなたが動物好きなら、この映画を好きになるでしょう。)」とあり、②の内容と合致しないので、②は不正解となります。③「もしあなたが"ハッピーハッピー"を見るなら、フリードリンクがもらえます。」とありますが、本文にそのような記述はありませんので、③は不正解となります。④「"ハッピーハッピー"は少年とロボットについてのアニメです。」とありますが、3段落3文目「The movie is about the friendship between a boy named Bob and his robot. (この映画はボブという名前の少年とロボットとの間の友情の物語です。)」と合致しますので、④が正解となります。

解答番号【22】：④ ⇒ **重要度A**

問3 「文章によると、次のどれが正しいですか？【23】。」
①「"クリスマスの夢想家"ではある犬が300マイルも一人で旅します。」とありますが、2段落1文目と2文目「The first movie you should check out is Peter's Way Home. A dog travels 300 miles alone to look for his owner. (あなたがチェックすべき最初の映画は"ピーターの帰り道"です。ある犬が彼の飼い主を探すため、一人で300マイルも旅をします。)」とあるように犬が300マイル一人で旅する映画は"クリスマスの夢想家"ではなく、"ピーターの帰り道"ですので、①は不正解となります。②「あなたは"月の衝突"で美しい宇宙のシーンを見ることが出来ます。」とありますが、こちらは4段落3文目から5文目「Moon Crash is science fiction movie about a female astronaut. She has some problems caused by the AI on her spaceship. The scenes in outer space are so beautiful. ("月の衝突"は女性宇宙飛行士についてのサイエンスフィクション映画です。彼女は宇宙船のAIが引き起こすいくつかの問題に直面します。宇宙のシーンはとても美しいです。)」と合致しますので、②は正解となります。③「"クリスマスの夢想家"と"月の衝突"はドキュメンタリー映画です。」とありますが、本文にそのような記述はありませんので、③は不正解です。④「"ミスターホワイトマン"は農家のコメディ映画です。」とありますが、5段落2文目「If you are a fan of horror movies, you will like Mr. Whiteman. (もしあなたがホラー映画ファンなら、あなたは"ミスターホワイトマン"を好きになるでしょう。)」とありますので、④は不正解だとわかります。

解答番号【23】：② ⇒ **重要度B**

【全文訳】
　あなたはテレビやオンラインで家で映画を見ることを好むかもしれないですが、この冬、私は映画館を訪れることを強くお勧めします。見るべきたくさんの素晴らしい映画があるので

す！いくつかの人気の新作映画もあります。

　あなたがチェックすべき最初の映画は“ピーターの帰り道”です。ある犬が彼の飼い主を探すため一人で300マイルも旅をします。その犬は旅の途中様々な困難に見舞われますが、彼の動物の友達たちが彼を助けます。もしあなたが動物好きなら、この映画を好きになるでしょう。

　“ハッピーハッピー！！”も素晴らしい物語です。これは多くの賞を受賞したアニメです。この映画はボブという名前の少年とロボットとの間の友情の物語です。この映画を見終わった後、あなたはロボットの友達が欲しくなること間違いなしでしょう。

　“クリスマスの夢想家”と“月の衝突”は現実逃避をしたい人たちのための映画です。“クリスマスの夢想家”の主人公は夢の中でタイムトラベルを経験します。“月の衝突”は女性宇宙飛行士についてのサイエンスフィクション映画です。彼女は宇宙船のAIが引き起こすいくつかの問題に直面します。宇宙のシーンはとても美しいです。あなたも宇宙に行きたくなるでしょう。

　“ミスターホワイトマン”の主人公は森の中の古い家に住むゴーストを退治しようとするゴーストハンターです。もしあなたがホラー映画ファンなら、“ミスターホワイトマン”を好きになるでしょう。

　あなたは、これらの映画をシアターマックスまたはウェストシネマで見ることが出来ます。さあ映画館に行き映画を楽しみましょう！

7

問1　「著者のケイコは【24】」

　①「どうしたらこの世界を小さくすることができるのかを研究しています。」とありますが、本文にこのような記述はありませんので、①は不正解です。②「どのように人々がかつて旅をしていたのかを不思議に思っています。」とありますが、こちらも本文にそのような記述はありませんので、②は不正解です。③「旅をしている時、彼女の友達に会う計画をしています。」とありますが、こちらも本文にそのような記述はありませんので、③は不正解です。④「旅をしている時、しばしば彼女の知っている誰かに偶然会います。」とありますが、こちらは本文全体を通して、会うはずもない旅先で知人に出くわすという話をしているので、④が正解となります。

　解答番号【24】：④　　⇒ 重要度A

問2　「北京でケイコは【25】」

　①「彼女が見た全てのものがつまらなかったです。」とありますが、本文にそのような記述はありませんので、①は不正解となります。②「宮殿で彼女の財布を無くしました。」とありますが、こちらも本文にそのような記述はありませんので、②は不正解となります。③「彼女の大学時代の先輩に会いました。」とありますが、こちらは、北京を訪れた話をしている2段落4文目から7文目「When we got to the gate of the palace, two familiar faces in the crowd caught my eyes. They were in a tour group from Japan. I recognized them instantly. They were my seniors in college!（私たちが宮殿の門に着いた時、群衆の中の見知った2つの顔に目が留まりました。彼らは日本からのツアーグループの中にいました。私はすぐに彼らに気が付きました。彼らは私の大学の先輩でした！）」と合致しますので、③は正解となります。④「中国人のツアーガイドと話しました。」とありますが、本文にそのような記述はありませんので、④は不正解となります。

解答番号【25】：③　⇒ ■重要度A■

問3　「屋久島のホテルのロビーの女性は【26】でした。」
　　①「ケイコの中学校のクラスメイトの一人」とありますが、こちらは3段落5文目に「She was a classmate from my junior high school.（彼女は中学校のクラスメイトでした。）」と合致しますので、①は正解となります。②「ケイコが最初に会った人」とありますが、本文にそのような記述はありませんので、②は不正解となります。③「ケイコの中学の友達の母親」とありますが、こちらも本文にそのような記述はありませんので、③は不正解です。④「ケイコの高校の茶道の先生」とありますが、こちらも本文にそのような記述はありませんので、④は不正解となります。

解答番号【26】：①　⇒ ■重要度B■

問4　「これらの"小さな世界"の経験はケイコに【27】ということを感じさせてくれます。」
　　①「彼女の友達は彼女がするよりももっと旅をする」となっていますが、本文にこのような記述はありませんので、①は不正解となります。②「彼女の友達は旅が好きではない」とありますが、こちらも本文にこのような記述はありませんので、②は不正解です。③「世界は面白くない」とありますが、こちらは4段落4文目「They make me feel that this world is full of surprises and wonders that we simply cannot explain.（これらの経験は、この世界は私たちが簡単には説明出来ない驚きや不思議に満ち溢れているということを私に感じさせてくれます。）」の内容と合致しませんので、③は不正解となります。④「世界は驚きや不思議に満ち溢れている」とありますが、こちらは先ほどの4段落4文目と完全に合致しますので、④が正解となります。

解答番号【27】：④　⇒ ■重要度A■

【全文訳】
〔これは有名な紀行作家のケイコによるブログ投稿です。〕
　"なんて小さな世界なの！"これは私たちが予期せず偶然知り合いと出くわした時に使う良くある表現ですが、私にとって特に旅をしている時に良く起こります。
　ある時、私は中国の北京を友達と一緒に観光のために訪れていました。それが私の中国への最初の訪れで、全てのものが私にとって新鮮だったのでとても興奮していました。3日目の日、私たちは有名な中国の宮殿に行きました。私たちが宮殿の門に着いた時、群衆の中の見知った2つの顔に目が留まりました。彼らは日本からのツアーグループの中にいました。私はすぐに彼らに気が付きました。彼らは私の大学の先輩でした！当時私たちはみんな同じハイキングクラブにいました。私は彼らに手を振りました。最初、彼らは困惑しているように見えましたが、すぐに私に気付き手を振り返しました。私たちはみんな15年ぶりに中国で再開したことにとても驚きました。なんて小さな世界なんでしょう！私たちは彼らがグループに戻らなくてはならなくなるまでのしばらくの間、興奮して話しました。
　もう一つの"小さな世界"の経験は、私の住む場所から遥か離れた日本の屋久島と呼ばれる島で起こりました。それは一人で旅をする初めての時でした。ホテルに着いた時、私はロビーで本を読みながら紅茶を飲んでいる女性を見ました。また1人なじみの顔がいたのです！彼女は中学校のクラスメイトでした。私たちは卒業以来会っていませんでした。私たちはお互いを見てとても驚きました。"こんなところで何をしているの？"私たちは同時に言いました。私は彼女も一人で旅をしていることを知りました。私たちはその島をハイキングして、数日間一

緒に温泉を楽しみました。

　私はこれらの経験が偶然なのかどうかはわかりません。それは単純に私が他の人と比べ、たくさん旅をしているからというだけのことなのかもしれません。とにかく、私は"小さな世界"体験をすることを楽しみにしています。これらの経験は、この世界は私たちが簡単には説明出来ない驚きや不思議に満ち溢れているということを私に感じさせてくれます。

第　回　高等学校卒業程度認定試験

英　語　解答用紙

氏　名

生年月日 ⇒

年号		
明治	Ⓜ	
大正	Ⓣ	
昭和	Ⓢ	
平成	Ⓗ	

受験番号 ⇒

受験地

北海道 ○	滋賀 ○
青森 ○	京都 ○
岩手 ○	大阪 ○
宮城 ○	兵庫 ○
秋田 ○	奈良 ○
山形 ○	和歌山 ○
福島 ○	鳥取 ○
茨城 ○	島根 ○
栃木 ○	岡山 ○
群馬 ○	広島 ○
埼玉 ○	山口 ○
千葉 ○	徳島 ○
東京 ○	香川 ○
神奈川 ○	愛媛 ○
新潟 ○	高知 ○
富山 ○	福岡 ○
石川 ○	佐賀 ○
福井 ○	長崎 ○
山梨 ○	熊本 ○
長野 ○	大分 ○
岐阜 ○	宮崎 ○
静岡 ○	鹿児島 ○
愛知 ○	沖縄 ○
三重 ○	

解答番号	解答欄 1 2 3 4 5 6 7 8 9 0
1	① ② ③ ④ ⑤ ⑥ ⑦ ⑧ ⑨ ⓪
2	① ② ③ ④ ⑤ ⑥ ⑦ ⑧ ⑨ ⓪
3	① ② ③ ④ ⑤ ⑥ ⑦ ⑧ ⑨ ⓪
4	① ② ③ ④ ⑤ ⑥ ⑦ ⑧ ⑨ ⓪
5	① ② ③ ④ ⑤ ⑥ ⑦ ⑧ ⑨ ⓪
6	① ② ③ ④ ⑤ ⑥ ⑦ ⑧ ⑨ ⓪
7	① ② ③ ④ ⑤ ⑥ ⑦ ⑧ ⑨ ⓪
8	① ② ③ ④ ⑤ ⑥ ⑦ ⑧ ⑨ ⓪
9	① ② ③ ④ ⑤ ⑥ ⑦ ⑧ ⑨ ⓪
10	① ② ③ ④ ⑤ ⑥ ⑦ ⑧ ⑨ ⓪
11	① ② ③ ④ ⑤ ⑥ ⑦ ⑧ ⑨ ⓪
12	① ② ③ ④ ⑤ ⑥ ⑦ ⑧ ⑨ ⓪
13	① ② ③ ④ ⑤ ⑥ ⑦ ⑧ ⑨ ⓪
14	① ② ③ ④ ⑤ ⑥ ⑦ ⑧ ⑨ ⓪
15	① ② ③ ④ ⑤ ⑥ ⑦ ⑧ ⑨ ⓪

解答番号	解答欄 1 2 3 4 5 6 7 8 9 0
16	① ② ③ ④ ⑤ ⑥ ⑦ ⑧ ⑨ ⓪
17	① ② ③ ④ ⑤ ⑥ ⑦ ⑧ ⑨ ⓪
18	① ② ③ ④ ⑤ ⑥ ⑦ ⑧ ⑨ ⓪
19	① ② ③ ④ ⑤ ⑥ ⑦ ⑧ ⑨ ⓪
20	① ② ③ ④ ⑤ ⑥ ⑦ ⑧ ⑨ ⓪
21	① ② ③ ④ ⑤ ⑥ ⑦ ⑧ ⑨ ⓪
22	① ② ③ ④ ⑤ ⑥ ⑦ ⑧ ⑨ ⓪
23	① ② ③ ④ ⑤ ⑥ ⑦ ⑧ ⑨ ⓪
24	① ② ③ ④ ⑤ ⑥ ⑦ ⑧ ⑨ ⓪
25	① ② ③ ④ ⑤ ⑥ ⑦ ⑧ ⑨ ⓪
26	① ② ③ ④ ⑤ ⑥ ⑦ ⑧ ⑨ ⓪
27	① ② ③ ④ ⑤ ⑥ ⑦ ⑧ ⑨ ⓪
28	① ② ③ ④ ⑤ ⑥ ⑦ ⑧ ⑨ ⓪
29	① ② ③ ④ ⑤ ⑥ ⑦ ⑧ ⑨ ⓪
30	① ② ③ ④ ⑤ ⑥ ⑦ ⑧ ⑨ ⓪

解答番号	解答欄 1 2 3 4 5 6 7 8 9 0
31	① ② ③ ④ ⑤ ⑥ ⑦ ⑧ ⑨ ⓪
32	① ② ③ ④ ⑤ ⑥ ⑦ ⑧ ⑨ ⓪
33	① ② ③ ④ ⑤ ⑥ ⑦ ⑧ ⑨ ⓪
34	① ② ③ ④ ⑤ ⑥ ⑦ ⑧ ⑨ ⓪
35	① ② ③ ④ ⑤ ⑥ ⑦ ⑧ ⑨ ⓪
36	① ② ③ ④ ⑤ ⑥ ⑦ ⑧ ⑨ ⓪
37	① ② ③ ④ ⑤ ⑥ ⑦ ⑧ ⑨ ⓪
38	① ② ③ ④ ⑤ ⑥ ⑦ ⑧ ⑨ ⓪
39	① ② ③ ④ ⑤ ⑥ ⑦ ⑧ ⑨ ⓪
40	① ② ③ ④ ⑤ ⑥ ⑦ ⑧ ⑨ ⓪
41	① ② ③ ④ ⑤ ⑥ ⑦ ⑧ ⑨ ⓪
42	① ② ③ ④ ⑤ ⑥ ⑦ ⑧ ⑨ ⓪
43	① ② ③ ④ ⑤ ⑥ ⑦ ⑧ ⑨ ⓪
44	① ② ③ ④ ⑤ ⑥ ⑦ ⑧ ⑨ ⓪
45	① ② ③ ④ ⑤ ⑥ ⑦ ⑧ ⑨ ⓪

キ　リ　ト　リ　線

英　語　解答用紙

氏　名

受験番号 ⇒

生年月日 ⇒

（注意事項）

1. 記入はすべてHまたはHBの黒色鉛筆を使用してください。
2. 訂正するときは、プラスチックの消しゴムで丁寧に消し、消しくずを残さないでください。
3. 所定の記入欄以外には何も記入しないでください。
4. 解答用紙を汚したり、折り曲げたりしないでください。
5. マーク例

良い例　●

悪い例　

受	験	地			
北海道 ○	東 京 ○	滋 賀 ○	島 根 ○	佐 賀 ○	
青 森 ○	神奈川 ○	京 都 ○	岡 山 ○	長 崎 ○	
岩 手 ○	新 潟 ○	大 阪 ○	広 島 ○	熊 本 ○	
宮 城 ○	富 山 ○	兵 庫 ○	山 口 ○	大 分 ○	
秋 田 ○	石 川 ○	奈 良 ○	徳 島 ○	宮 崎 ○	
山 形 ○	福 井 ○	和歌山 ○	香 川 ○	鹿児島 ○	
福 島 ○	山 梨 ○	鳥 取 ○	愛 媛 ○	沖 縄 ○	
茨 城 ○	長 野 ○		高 知 ○		
栃 木 ○	岐 阜 ○		福 岡 ○		
群 馬 ○	静 岡 ○				
埼 玉 ○	愛 知 ○				
千 葉 ○	三 重 ○				

解答番号	解　答　欄
1	① ② ③ ④ ⑤ ⑥ ⑦ ⑧ ⑨ ⑩
2	① ② ③ ④ ⑤ ⑥ ⑦ ⑧ ⑨ ⑩
3	① ② ③ ④ ⑤ ⑥ ⑦ ⑧ ⑨ ⑩
4	① ② ③ ④ ⑤ ⑥ ⑦ ⑧ ⑨ ⑩
5	① ② ③ ④ ⑤ ⑥ ⑦ ⑧ ⑨ ⑩
6	① ② ③ ④ ⑤ ⑥ ⑦ ⑧ ⑨ ⑩
7	① ② ③ ④ ⑤ ⑥ ⑦ ⑧ ⑨ ⑩
8	① ② ③ ④ ⑤ ⑥ ⑦ ⑧ ⑨ ⑩
9	① ② ③ ④ ⑤ ⑥ ⑦ ⑧ ⑨ ⑩
10	① ② ③ ④ ⑤ ⑥ ⑦ ⑧ ⑨ ⑩
11	① ② ③ ④ ⑤ ⑥ ⑦ ⑧ ⑨ ⑩
12	① ② ③ ④ ⑤ ⑥ ⑦ ⑧ ⑨ ⑩
13	① ② ③ ④ ⑤ ⑥ ⑦ ⑧ ⑨ ⑩
14	① ② ③ ④ ⑤ ⑥ ⑦ ⑧ ⑨ ⑩
15	① ② ③ ④ ⑤ ⑥ ⑦ ⑧ ⑨ ⑩

解答番号	解　答　欄
16	① ② ③ ④ ⑤ ⑥ ⑦ ⑧ ⑨ ⑩
17	① ② ③ ④ ⑤ ⑥ ⑦ ⑧ ⑨ ⑩
18	① ② ③ ④ ⑤ ⑥ ⑦ ⑧ ⑨ ⑩
19	① ② ③ ④ ⑤ ⑥ ⑦ ⑧ ⑨ ⑩
20	① ② ③ ④ ⑤ ⑥ ⑦ ⑧ ⑨ ⑩
21	① ② ③ ④ ⑤ ⑥ ⑦ ⑧ ⑨ ⑩
22	① ② ③ ④ ⑤ ⑥ ⑦ ⑧ ⑨ ⑩
23	① ② ③ ④ ⑤ ⑥ ⑦ ⑧ ⑨ ⑩
24	① ② ③ ④ ⑤ ⑥ ⑦ ⑧ ⑨ ⑩
25	① ② ③ ④ ⑤ ⑥ ⑦ ⑧ ⑨ ⑩
26	① ② ③ ④ ⑤ ⑥ ⑦ ⑧ ⑨ ⑩
27	① ② ③ ④ ⑤ ⑥ ⑦ ⑧ ⑨ ⑩
28	① ② ③ ④ ⑤ ⑥ ⑦ ⑧ ⑨ ⑩
29	① ② ③ ④ ⑤ ⑥ ⑦ ⑧ ⑨ ⑩
30	① ② ③ ④ ⑤ ⑥ ⑦ ⑧ ⑨ ⑩

解答番号	解　答　欄
31	① ② ③ ④ ⑤ ⑥ ⑦ ⑧ ⑨ ⑩
32	① ② ③ ④ ⑤ ⑥ ⑦ ⑧ ⑨ ⑩
33	① ② ③ ④ ⑤ ⑥ ⑦ ⑧ ⑨ ⑩
34	① ② ③ ④ ⑤ ⑥ ⑦ ⑧ ⑨ ⑩
35	① ② ③ ④ ⑤ ⑥ ⑦ ⑧ ⑨ ⑩
36	① ② ③ ④ ⑤ ⑥ ⑦ ⑧ ⑨ ⑩
37	① ② ③ ④ ⑤ ⑥ ⑦ ⑧ ⑨ ⑩
38	① ② ③ ④ ⑤ ⑥ ⑦ ⑧ ⑨ ⑩
39	① ② ③ ④ ⑤ ⑥ ⑦ ⑧ ⑨ ⑩
40	① ② ③ ④ ⑤ ⑥ ⑦ ⑧ ⑨ ⑩
41	① ② ③ ④ ⑤ ⑥ ⑦ ⑧ ⑨ ⑩
42	① ② ③ ④ ⑤ ⑥ ⑦ ⑧ ⑨ ⑩
43	① ② ③ ④ ⑤ ⑥ ⑦ ⑧ ⑨ ⑩
44	① ② ③ ④ ⑤ ⑥ ⑦ ⑧ ⑨ ⑩
45	① ② ③ ④ ⑤ ⑥ ⑦ ⑧ ⑨ ⑩

年号
明治（M）
大正（T）
昭和（S）
平成（H）

キ　リ　ト　リ　線

第　回　高等学校卒業程度認定試験

英　語　解答用紙

氏　名　＿＿＿＿＿＿＿

（注意事項）

1. 記入はすべてHBまたはHBの黒色鉛筆を使用してください。
2. 訂正するときは、プラスチックの消しゴムで丁寧に消し、消しくずを残さないでください。
3. 所定の記入欄以外には何も記入しないでください。
4. 解答用紙を汚したり、折り曲げたりしないでください。
5. マーク例　　良い例　●　　悪い例　⊙ ◍ ◐ ◑ ◓ ⊘

生年月日 ⇒

年号		
明治	Ⓜ	
大正	Ⓣ	
昭和	Ⓢ	
平成	Ⓗ	

受験番号 ⇒

受　験　地

北海道 ○	滋賀 ○
青森 ○	京都 ○
岩手 ○	大阪 ○
宮城 ○	兵庫 ○
秋田 ○	奈良 ○
山形 ○	和歌山 ○
福島 ○	鳥取 ○
茨城 ○	島根 ○
栃木 ○	岡山 ○
群馬 ○	広島 ○
埼玉 ○	山口 ○
千葉 ○	徳島 ○
東京 ○	香川 ○
神奈川 ○	愛媛 ○
新潟 ○	高知 ○
富山 ○	福岡 ○
石川 ○	佐賀 ○
福井 ○	長崎 ○
山梨 ○	熊本 ○
長野 ○	大分 ○
岐阜 ○	宮崎 ○
静岡 ○	鹿児島 ○
愛知 ○	沖縄 ○
三重 ○	

解答欄

解答番号	解答欄　1 2 3 4 5 6 7 8 9 0
1	① ② ③ ④ ⑤ ⑥ ⑦ ⑧ ⑨ ⓪
2	① ② ③ ④ ⑤ ⑥ ⑦ ⑧ ⑨ ⓪
3	① ② ③ ④ ⑤ ⑥ ⑦ ⑧ ⑨ ⓪
4	① ② ③ ④ ⑤ ⑥ ⑦ ⑧ ⑨ ⓪
5	① ② ③ ④ ⑤ ⑥ ⑦ ⑧ ⑨ ⓪
6	① ② ③ ④ ⑤ ⑥ ⑦ ⑧ ⑨ ⓪
7	① ② ③ ④ ⑤ ⑥ ⑦ ⑧ ⑨ ⓪
8	① ② ③ ④ ⑤ ⑥ ⑦ ⑧ ⑨ ⓪
9	① ② ③ ④ ⑤ ⑥ ⑦ ⑧ ⑨ ⓪
10	① ② ③ ④ ⑤ ⑥ ⑦ ⑧ ⑨ ⓪
11	① ② ③ ④ ⑤ ⑥ ⑦ ⑧ ⑨ ⓪
12	① ② ③ ④ ⑤ ⑥ ⑦ ⑧ ⑨ ⓪
13	① ② ③ ④ ⑤ ⑥ ⑦ ⑧ ⑨ ⓪
14	① ② ③ ④ ⑤ ⑥ ⑦ ⑧ ⑨ ⓪
15	① ② ③ ④ ⑤ ⑥ ⑦ ⑧ ⑨ ⓪

解答番号	解答欄　1 2 3 4 5 6 7 8 9 0
16	① ② ③ ④ ⑤ ⑥ ⑦ ⑧ ⑨ ⓪
17	① ② ③ ④ ⑤ ⑥ ⑦ ⑧ ⑨ ⓪
18	① ② ③ ④ ⑤ ⑥ ⑦ ⑧ ⑨ ⓪
19	① ② ③ ④ ⑤ ⑥ ⑦ ⑧ ⑨ ⓪
20	① ② ③ ④ ⑤ ⑥ ⑦ ⑧ ⑨ ⓪
21	① ② ③ ④ ⑤ ⑥ ⑦ ⑧ ⑨ ⓪
22	① ② ③ ④ ⑤ ⑥ ⑦ ⑧ ⑨ ⓪
23	① ② ③ ④ ⑤ ⑥ ⑦ ⑧ ⑨ ⓪
24	① ② ③ ④ ⑤ ⑥ ⑦ ⑧ ⑨ ⓪
25	① ② ③ ④ ⑤ ⑥ ⑦ ⑧ ⑨ ⓪
26	① ② ③ ④ ⑤ ⑥ ⑦ ⑧ ⑨ ⓪
27	① ② ③ ④ ⑤ ⑥ ⑦ ⑧ ⑨ ⓪
28	① ② ③ ④ ⑤ ⑥ ⑦ ⑧ ⑨ ⓪
29	① ② ③ ④ ⑤ ⑥ ⑦ ⑧ ⑨ ⓪
30	① ② ③ ④ ⑤ ⑥ ⑦ ⑧ ⑨ ⓪

解答番号	解答欄　1 2 3 4 5 6 7 8 9 0
31	① ② ③ ④ ⑤ ⑥ ⑦ ⑧ ⑨ ⓪
32	① ② ③ ④ ⑤ ⑥ ⑦ ⑧ ⑨ ⓪
33	① ② ③ ④ ⑤ ⑥ ⑦ ⑧ ⑨ ⓪
34	① ② ③ ④ ⑤ ⑥ ⑦ ⑧ ⑨ ⓪
35	① ② ③ ④ ⑤ ⑥ ⑦ ⑧ ⑨ ⓪
36	① ② ③ ④ ⑤ ⑥ ⑦ ⑧ ⑨ ⓪
37	① ② ③ ④ ⑤ ⑥ ⑦ ⑧ ⑨ ⓪
38	① ② ③ ④ ⑤ ⑥ ⑦ ⑧ ⑨ ⓪
39	① ② ③ ④ ⑤ ⑥ ⑦ ⑧ ⑨ ⓪
40	① ② ③ ④ ⑤ ⑥ ⑦ ⑧ ⑨ ⓪
41	① ② ③ ④ ⑤ ⑥ ⑦ ⑧ ⑨ ⓪
42	① ② ③ ④ ⑤ ⑥ ⑦ ⑧ ⑨ ⓪
43	① ② ③ ④ ⑤ ⑥ ⑦ ⑧ ⑨ ⓪
44	① ② ③ ④ ⑤ ⑥ ⑦ ⑧ ⑨ ⓪
45	① ② ③ ④ ⑤ ⑥ ⑦ ⑧ ⑨ ⓪

キリトリ線

第　回　高等学校卒業程度認定試験

英語　解答用紙

受験地

受験地		受験地	
北海道	○	滋賀	○
青森	○	京都	○
岩手	○	大阪	○
宮城	○	兵庫	○
秋田	○	奈良	○
山形	○	和歌山	○
福島	○	鳥取	○
茨城	○	島根	○
栃木	○	岡山	○
群馬	○	広島	○
埼玉	○	山口	○
千葉	○	徳島	○
東京	○	香川	○
神奈川	○	愛媛	○
新潟	○	高知	○
富山	○	福岡	○
石川	○	佐賀	○
福井	○	長崎	○
山梨	○	熊本	○
長野	○	大分	○
岐阜	○	宮崎	○
静岡	○	鹿児島	○
愛知	○	沖縄	○
三重	○		

（注意事項）
1. 記入はすべてHBまたはHBの黒色鉛筆を使用してください。
2. 訂正するときは、プラスチックの消しゴムで丁寧に消し、消しくずを残さないでください。
3. 所定の記入欄以外には何も記入しないでください。
4. 解答用紙を汚したり、折り曲げたりしないでください。
5. マーク例

良い例　●
悪い例　

氏名

受験番号　⇒

①				
⓪①②③④⑤⑥⑦⑧⑨	⓪①②③④⑤⑥⑦⑧⑨	⓪①②③④⑤⑥⑦⑧⑨	⓪①②③④⑤⑥⑦⑧⑨	⓪①②③④⑤⑥⑦⑧⑨

生年月日　⇒

年号　明治（M）大正（T）昭和（S）平成（H）

年号				
⓪①②③④⑤⑥⑦⑧⑨	⓪①②③④⑤⑥⑦⑧⑨	⓪①②③④⑤⑥⑦⑧⑨	①②③⑤⑥⑦⑧⑨	⓪①②③④⑤⑥⑦⑧⑨

解答番号	解答欄 1 2 3 4 5 6 7 8 9 0
1	①②③④⑤⑥⑦⑧⑨⓪
2	①②③④⑤⑥⑦⑧⑨⓪
3	①②③④⑤⑥⑦⑧⑨⓪
4	①②③④⑤⑥⑦⑧⑨⓪
5	①②③④⑤⑥⑦⑧⑨⓪
6	①②③④⑤⑥⑦⑧⑨⓪
7	①②③④⑤⑥⑦⑧⑨⓪
8	①②③④⑤⑥⑦⑧⑨⓪
9	①②③④⑤⑥⑦⑧⑨⓪
10	①②③④⑤⑥⑦⑧⑨⓪
11	①②③④⑤⑥⑦⑧⑨⓪
12	①②③④⑤⑥⑦⑧⑨⓪
13	①②③④⑤⑥⑦⑧⑨⓪
14	①②③④⑤⑥⑦⑧⑨⓪
15	①②③④⑤⑥⑦⑧⑨⓪

解答番号	解答欄 1 2 3 4 5 6 7 8 9 0
16	①②③④⑤⑥⑦⑧⑨⓪
17	①②③④⑤⑥⑦⑧⑨⓪
18	①②③④⑤⑥⑦⑧⑨⓪
19	①②③④⑤⑥⑦⑧⑨⓪
20	①②③④⑤⑥⑦⑧⑨⓪
21	①②③④⑤⑥⑦⑧⑨⓪
22	①②③④⑤⑥⑦⑧⑨⓪
23	①②③④⑤⑥⑦⑧⑨⓪
24	①②③④⑤⑥⑦⑧⑨⓪
25	①②③④⑤⑥⑦⑧⑨⓪
26	①②③④⑤⑥⑦⑧⑨⓪
27	①②③④⑤⑥⑦⑧⑨⓪
28	①②③④⑤⑥⑦⑧⑨⓪
29	①②③④⑤⑥⑦⑧⑨⓪
30	①②③④⑤⑥⑦⑧⑨⓪

解答番号	解答欄 1 2 3 4 5 6 7 8 9 0
31	①②③④⑤⑥⑦⑧⑨⓪
32	①②③④⑤⑥⑦⑧⑨⓪
33	①②③④⑤⑥⑦⑧⑨⓪
34	①②③④⑤⑥⑦⑧⑨⓪
35	①②③④⑤⑥⑦⑧⑨⓪
36	①②③④⑤⑥⑦⑧⑨⓪
37	①②③④⑤⑥⑦⑧⑨⓪
38	①②③④⑤⑥⑦⑧⑨⓪
39	①②③④⑤⑥⑦⑧⑨⓪
40	①②③④⑤⑥⑦⑧⑨⓪
41	①②③④⑤⑥⑦⑧⑨⓪
42	①②③④⑤⑥⑦⑧⑨⓪
43	①②③④⑤⑥⑦⑧⑨⓪
44	①②③④⑤⑥⑦⑧⑨⓪
45	①②③④⑤⑥⑦⑧⑨⓪

キ　リ　ト　リ　線

第　回　高等学校卒業程度認定試験

英　語　解答用紙

氏　名

（注意事項）

1. 記入はすべてHBまたはHBの黒色鉛筆を使用してください。
2. 訂正するときは、プラスチックの消しゴムできれいに消し、消しくずを残さないでください。
3. 所定の記入欄以外には何も記入しないでください。
4. 解答用紙を汚したり、折り曲げたりしないでください。
5. マーク例

良い例	悪い例
●	⊙ ◖ ◗ ◯ ∅

生年月日

年号	
明治	Ⓜ
大正	Ⓣ
昭和	Ⓢ
平成	Ⓗ

受験番号 ⇒

受験地

北海道 ○　青森 ○　岩手 ○　宮城 ○　秋田 ○　山形 ○　福島 ○　茨城 ○　栃木 ○　群馬 ○　埼玉 ○　千葉 ○　東京 ○　神奈川 ○　新潟 ○　富山 ○　石川 ○　福井 ○　山梨 ○　長野 ○　岐阜 ○　静岡 ○　愛知 ○　三重 ○

滋賀 ○　京都 ○　大阪 ○　兵庫 ○　奈良 ○　和歌山 ○　鳥取 ○　島根 ○　岡山 ○　広島 ○　山口 ○　徳島 ○　香川 ○　愛媛 ○　高知 ○　福岡 ○　佐賀 ○　長崎 ○　熊本 ○　大分 ○　宮崎 ○　鹿児島 ○　沖縄 ○

解答欄

解答番号	1	2	3	4	5	6	7	8	9	0
1	①	②	③	④	⑤	⑥	⑦	⑧	⑨	⓪
2	①	②	③	④	⑤	⑥	⑦	⑧	⑨	⓪
3	①	②	③	④	⑤	⑥	⑦	⑧	⑨	⓪
4	①	②	③	④	⑤	⑥	⑦	⑧	⑨	⓪
5	①	②	③	④	⑤	⑥	⑦	⑧	⑨	⓪
6	①	②	③	④	⑤	⑥	⑦	⑧	⑨	⓪
7	①	②	③	④	⑤	⑥	⑦	⑧	⑨	⓪
8	①	②	③	④	⑤	⑥	⑦	⑧	⑨	⓪
9	①	②	③	④	⑤	⑥	⑦	⑧	⑨	⓪
10	①	②	③	④	⑤	⑥	⑦	⑧	⑨	⓪
11	①	②	③	④	⑤	⑥	⑦	⑧	⑨	⓪
12	①	②	③	④	⑤	⑥	⑦	⑧	⑨	⓪
13	①	②	③	④	⑤	⑥	⑦	⑧	⑨	⓪
14	①	②	③	④	⑤	⑥	⑦	⑧	⑨	⓪
15	①	②	③	④	⑤	⑥	⑦	⑧	⑨	⓪

解答番号	1	2	3	4	5	6	7	8	9	0
16	①	②	③	④	⑤	⑥	⑦	⑧	⑨	⓪
17	①	②	③	④	⑤	⑥	⑦	⑧	⑨	⓪
18	①	②	③	④	⑤	⑥	⑦	⑧	⑨	⓪
19	①	②	③	④	⑤	⑥	⑦	⑧	⑨	⓪
20	①	②	③	④	⑤	⑥	⑦	⑧	⑨	⓪
21	①	②	③	④	⑤	⑥	⑦	⑧	⑨	⓪
22	①	②	③	④	⑤	⑥	⑦	⑧	⑨	⓪
23	①	②	③	④	⑤	⑥	⑦	⑧	⑨	⓪
24	①	②	③	④	⑤	⑥	⑦	⑧	⑨	⓪
25	①	②	③	④	⑤	⑥	⑦	⑧	⑨	⓪
26	①	②	③	④	⑤	⑥	⑦	⑧	⑨	⓪
27	①	②	③	④	⑤	⑥	⑦	⑧	⑨	⓪
28	①	②	③	④	⑤	⑥	⑦	⑧	⑨	⓪
29	①	②	③	④	⑤	⑥	⑦	⑧	⑨	⓪
30	①	②	③	④	⑤	⑥	⑦	⑧	⑨	⓪

解答番号	1	2	3	4	5	6	7	8	9	0
31	①	②	③	④	⑤	⑥	⑦	⑧	⑨	⓪
32	①	②	③	④	⑤	⑥	⑦	⑧	⑨	⓪
33	①	②	③	④	⑤	⑥	⑦	⑧	⑨	⓪
34	①	②	③	④	⑤	⑥	⑦	⑧	⑨	⓪
35	①	②	③	④	⑤	⑥	⑦	⑧	⑨	⓪
36	①	②	③	④	⑤	⑥	⑦	⑧	⑨	⓪
37	①	②	③	④	⑤	⑥	⑦	⑧	⑨	⓪
38	①	②	③	④	⑤	⑥	⑦	⑧	⑨	⓪
39	①	②	③	④	⑤	⑥	⑦	⑧	⑨	⓪
40	①	②	③	④	⑤	⑥	⑦	⑧	⑨	⓪
41	①	②	③	④	⑤	⑥	⑦	⑧	⑨	⓪
42	①	②	③	④	⑤	⑥	⑦	⑧	⑨	⓪
43	①	②	③	④	⑤	⑥	⑦	⑧	⑨	⓪
44	①	②	③	④	⑤	⑥	⑦	⑧	⑨	⓪
45	①	②	③	④	⑤	⑥	⑦	⑧	⑨	⓪

キリトリ線

第　回　高等学校卒業程度認定試験

英語　解答用紙

氏名

受験地

受験地		受験地	
北海道	○	滋賀	○
青森	○	京都	○
岩手	○	大阪	○
宮城	○	兵庫	○
秋田	○	奈良	○
山形	○	和歌山	○
福島	○	鳥取	○
茨城	○	島根	○
栃木	○	岡山	○
群馬	○	広島	○
埼玉	○	山口	○
千葉	○	徳島	○
東京	○	香川	○
神奈川	○	愛媛	○
新潟	○	高知	○
富山	○	福岡	○
石川	○	佐賀	○
福井	○	長崎	○
山梨	○	熊本	○
長野	○	大分	○
岐阜	○	宮崎	○
静岡	○	鹿児島	○
愛知	○	沖縄	○
三重	○		

受験番号 ⇒

生年月日 ⇒

年号
明治（M）
大正（T）
昭和（S）
平成（H）

解答欄

解答番号	解答欄
1	1 2 3 4 5 6 7 8 9 0
2	1 2 3 4 5 6 7 8 9 0
3	1 2 3 4 5 6 7 8 9 0
4	1 2 3 4 5 6 7 8 9 0
5	1 2 3 4 5 6 7 8 9 0
6	1 2 3 4 5 6 7 8 9 0
7	1 2 3 4 5 6 7 8 9 0
8	1 2 3 4 5 6 7 8 9 0
9	1 2 3 4 5 6 7 8 9 0
10	1 2 3 4 5 6 7 8 9 0
11	1 2 3 4 5 6 7 8 9 0
12	1 2 3 4 5 6 7 8 9 0
13	1 2 3 4 5 6 7 8 9 0
14	1 2 3 4 5 6 7 8 9 0
15	1 2 3 4 5 6 7 8 9 0

解答番号	解答欄
16	1 2 3 4 5 6 7 8 9 0
17	1 2 3 4 5 6 7 8 9 0
18	1 2 3 4 5 6 7 8 9 0
19	1 2 3 4 5 6 7 8 9 0
20	1 2 3 4 5 6 7 8 9 0
21	1 2 3 4 5 6 7 8 9 0
22	1 2 3 4 5 6 7 8 9 0
23	1 2 3 4 5 6 7 8 9 0
24	1 2 3 4 5 6 7 8 9 0
25	1 2 3 4 5 6 7 8 9 0
26	1 2 3 4 5 6 7 8 9 0
27	1 2 3 4 5 6 7 8 9 0
28	1 2 3 4 5 6 7 8 9 0
29	1 2 3 4 5 6 7 8 9 0
30	1 2 3 4 5 6 7 8 9 0

解答番号	解答欄
31	1 2 3 4 5 6 7 8 9 0
32	1 2 3 4 5 6 7 8 9 0
33	1 2 3 4 5 6 7 8 9 0
34	1 2 3 4 5 6 7 8 9 0
35	1 2 3 4 5 6 7 8 9 0
36	1 2 3 4 5 6 7 8 9 0
37	1 2 3 4 5 6 7 8 9 0
38	1 2 3 4 5 6 7 8 9 0
39	1 2 3 4 5 6 7 8 9 0
40	1 2 3 4 5 6 7 8 9 0
41	1 2 3 4 5 6 7 8 9 0
42	1 2 3 4 5 6 7 8 9 0
43	1 2 3 4 5 6 7 8 9 0
44	1 2 3 4 5 6 7 8 9 0
45	1 2 3 4 5 6 7 8 9 0

キリトリ線

2023　高卒認定スーパー実戦過去問題集
英　語

2023 年　1 月 17 日　初版　第 1 刷発行

編集：J-出版編集部
制作：J-Web School
発行：J-出版
　〒112-0002 東京都文京区小石川2-3-4 第一川田ビル TEL 03-5800-0552
　J-出版.Net　http://www.j-publish.net/

ISBN978-4-909326-78-2 C7300 Printed in Japan